温柔 你的 恰似

永远的邓丽君

岸芷汀兰 著

北京联合出版公司
Beijing United Publishing Co., Ltd.

图书在版编目（CIP）数据

恰似你的温柔：永远的邓丽君/岸芷汀兰著.—北京：北京联合出版公司，2013.5（2023.1 重印）
ISBN 978-7-5502-1392-0

I.①恰… II.①岸… III.①邓丽君（1953～1995）—传记 IV.① K825.76

中国版本图书馆 CIP 数据核字 (2013) 第 042472 号

恰似你的温柔：永远的邓丽君

作　　者：岸芷汀兰
出 品 人：赵红仕
责任编辑：喻　静
封面设计：吴黛君

北京联合出版公司出版
（北京市西城区德外大街83号楼9层 100088）
北京新华先锋出版科技有限公司发行
天津旭丰源印刷有限公司印刷　新华书店经销
字数220千字　620毫米×889毫米　1/16　15印张
2013年5月第1版　2023年1月第4次印刷
ISBN 978-7-5502-1392-0
定价：59.00元

版权所有，侵权必究
未经许可，不得以任何方式复制或抄袭本书部分或全部内容
本书若有质量问题，请与本社图书销售中心联系调换。电话：（010）88876681-8026

前言

心花怒放，却开到荼蘼

微风细雨燕子斜的台湾，
是她的故乡了。
心花怒放，却开到荼蘼的，
便是她的人生了。

——记一代歌星邓丽君

我们怀念她的人，是因为她长了一张甜美的脸蛋，眉眼间温情蜜意流转，叫女人看了心生妒忌，让男人看了疼到心田；我们怀念她的歌，是因为她的歌比她的人还要甜，那副柔柔弱弱的嗓子一遍遍轻唱着醉人的情歌，无论多少遍，深情不曾改换。虽然她不曾认识这世界上的每个人，但她的歌声却唤醒了每一个渴望拥有爱情的人。在她的歌声里，爱情总是一如既往地甜蜜蜜。

可是美好如她，竟也有"过尽千帆皆不是"的离愁。谁说那些上天眷顾的女人，得到了最完美的人生。你看她在舞台上摇曳生姿、裙底生风,绽放成一朵娇艳的红玫瑰,却最终开到荼蘼,所以我们总难以释怀,这样美丽的可人儿,这样动人的歌喉,竟也换不来一段令人艳羡的人生吗?不由想到佛家有云,世相迷离,人们容易在茫茫的红尘中,丢失心中那一份天然的宁静。当岁月流逝,年华老去,幸运如邓丽君者,还能找回自己当初来这世间所携带的一片初心吗?所以她才要一遍遍深情地唱给后人听,"任时光匆匆流逝,我只在乎你",可她在乎的那个人,究竟会是谁呢?是未曾经历诸多风雨和人生无常的那个自己,还是那个于茫茫人海中让她心动、叫她难以割舍的心上人?我们不得而知,也没有人来解答,只任凭风继续温柔地吹,带着她诉说不尽的一生去到万水千山。

她那么美,用那么温柔的声线,深情地唱着那催人泪下,但却早已无从寻觅的心迹。曾几何时,我们也曾这样温柔地为世间之物所吸引、所驻足。一片云,一朵花,一个可爱的小生命,都曾那么真实地出现在我们眼前,牢牢地抓住了我们的心。是因为它们,人间才有了姹紫嫣红开遍,但这世事总有变幻,正如天上明月有阴晴圆缺。

"黯乡魂,追旅思,夜夜除非,"谁不愿好梦留人睡?所以,邓丽君才会温婉又惆怅地虔诚许愿,"但愿人长久,千里共婵娟。"可是美好的永远是那朵风干在情书夹层里的玫瑰,而现实中的爱情虽也有过甜蜜,但最终还是难逃凋零的厄运。这是她心怀哀叹的根源,也是她忘情伤怀的幽怨。

当她还在这个人间，曾多么虔诚地希望自己能做一个普通的女子，就像世间所有的善男信女那般，拥有甜蜜的爱情，拥有一段"执子之手，与子偕老"的美好姻缘。而当她迎来生命中最美好的那个年华，上天安排她的真命天子来与之相见，"南方有佳人，遗世而独立，一顾倾人城，再顾倾人国"，她的温婉，那温润甜美的笑容，多么像一朵盛放的红莲，让爱她的人紧紧地迷恋。所以，那人才会像我们一样，深深地陷入她温婉含情的目光，从此再难逃脱这情的纠缠、爱的夙愿。

我相信，世间许多女子都曾有过这种淡然的优雅，也曾用这份清新高洁的优雅，征服了心尖上的人儿。当人们看到她那双含情脉脉的双眼，都不忍将这份宁静打扰，也都不曾想过有一天必定要将这样一个受到造物主宠爱的尤物归还上天。

平凡女子的一生中，又有多少人像邓丽君一样，带着这份恬淡的性情款款而来，又带着这份恬淡蓦然归去？我只道大部分人在一点点见证了这人世的人情冷暖、爱恨离愁后，都变得世俗不堪，变得精于算计。所以预见者说，人这一生所遇到的最为哀伤的事情便是，我们做了自己当初最嫌弃的那个人。可任凭雨打风吹花落去，这个一脸温柔的女子始终平淡如菊、安之若素，她从来的地方来，到去的地方去，在这个有你也有我的世间匆匆走过，留下的是一抹轻轻的叹息、一个真切的眼神、一首首动人心弦的老歌，却不带走一片云彩。

她在最美好的年华爱过，曾将自己全心全意交付一个她认为对的人。眼看着好事将近，可他却永远地离开了她。第一次失去心爱的人儿，竟然是"天人永诀"的残忍，她一路狂奔，决堤而下的眼泪是为他流；她上气不接下气，奄奄一息昏厥在墓前是为他心疼。他虽然走了，但她知道他就流淌在自己每个细胞里，承载着长日无尽的漫漫相思的那个人。他是那么近，却又那么远，使她无法靠近，只有硬生生把这份注定有缘无分的爱情，深埋心底。就这么酝酿着、蒸腾着，直到她开始有勇气骗自己说，她真的已经把他忘记了。可是她不知道自己的心里早已凝结了一颗爱的热泪，每每忆起，都会隐隐作痛。那是最真实却又无助的哭泣，只有在漆黑的夜里，才能看到，才能触碰，触碰早已愈合却永远都将存在的伤痕，看到忽远忽近总在迷离的天真。

失去他，她还是遇到了爱。她是那样认真且纯粹的人呐，生命中怎能少得了感天动地的爱情？所以她每次都投入都用心，把对方当成自己的初恋，她是那么渴望在爱里燃烧自我，收获另一种甜蜜的人生！就像她穿着红裙站在舞台中央，轻轻柔柔地向人们诉说着："好花不常开，好景不常来，今宵离别后，何日君再来！"

是啊，今宵离别后，何日君再来？或许如此心心相印的两人还有来日可以相见吧，只是为何一对有情人要面对分别呢？她也知道好花不常开，懂得"花开堪折直须折，莫待无花空折枝"的无奈，所以她总是努力绽放，只等有情人怀着万分欣赏的心情将她采撷、把她欣赏。

这不是林徽因的淡然，如果说她是一杯淡雅清茶，任凭素净的芬芳在每个人的心中萦绕盘旋，那邓丽君就是一抹灿烂的朝阳，无时无刻不在怒放自己的生命，好让女儿裙下的花枝都绚烂，好让自己升腾出一朵氤氲的香雾。这何尝不是一种缭绕，何尝不能使人心醉情迷、神驰心往；她没有张爱玲的孤注一掷，她的爱比张爱玲的更叫人感到温暖，叫人想要靠近；也不似三毛的固执和单一，她的爱比三毛的更叫人放心，叫人想要地久天长；她更不是陆小曼那种对爱的忽视和无礼，她爱一个人决然不会用这爱把人往死里逼，所以见识了她的风情的男人，都不能够真正地忘怀她，仿佛她从来没有远离过他们的生命。

可她最后还是没能抓住，她最想要的那场轰轰烈烈的爱情，她最期待的不顾世间所有杂质的盛放，终是没有盼来丰收，有的只是爱的艰辛和恼人的纠缠。就算到了地域更为辽阔的异国他乡，她还是带着那一抹轻轻浅浅的哀愁，带着对爱情的期待，守候着，盼望着……

邓丽君是真正盛放过的，她那么小心翼翼，用生命营造最极致的美丽，可她也真正开到了荼蘼，经过那么多的爱恋，她不断地付出自己，又渐次不断地失去……

她没有不论遇到何种困境，总痴情暖着林徽因的梁思成；她没有不管岁月如何变迁，总痴心守着林徽因的金岳霖；她更没有青春年少、感情懵懂时，一颗心总牵挂着林徽因的徐志摩。可她也曾是林徽因一般的女子，有她的温柔，有她的淡然，更有她的万种风情。只不过她的内心一团火热，只不过她对爱情多了一分、两分或三分的渴望。

只不过，她的名字，叫作邓丽君。

目录

前　言
心花怒放，却开到荼蘼·1

第一章
小城故事多：与音乐结缘
襁褓婴孩，日后佳人·003
命中注定，与歌共舞·009
黄梅一曲，火小扬名·014
『娃娃歌后』实至名归·021
暂处低谷，星光难掩·029

第二章
在水一方：外面的世界浪精彩
歌迷小姐，风靡香江·035
唯美歌声，倾倒东南亚·042
莲出淤泥，纤尘不染·047

01

目录

第三章 北国之春：名满扶桑人归来

有位佳人，在水一方·053

海棠姑娘，泰丽莎·邓·058

名满东瀛，碧水常清·064

花红百日，暴雨将至·068

第四章 漫步人生路：平川亦有坎坷途

护照非假，人心亦真·075

清风徐来，乌云尽散·082

沉淀自我，赴美进修·087

第五章 星途坦荡：何人不识君

否极泰来，美国新生·099

目录

穿越海峡,走红大陆·106

歌尽桃花,淡淡幽情·109

第六章 我只在乎你:任凭世间许多情

昙花一现:初恋即为永别·117

异国爱恋:尘埃中夭折的花朵·127

遇见你:此情都付东流水·131

她是凤,他却未必是龙·138

谈婚论嫁:可惜过眼即云烟·150

此去经年,爱终成绝恋·159

第七章 风霜伴我行:重返荣耀

再返日本,重新开始·169

目录

回归歌坛，事业为重·178

第八章 月亮代表我的心：一个华丽的转身

渴望平凡，隐居法国·191

放逐自己，海中畅游·195

最后登台，倩影永在·199

第九章 何日君再来：一代歌后魂断清迈

香魂归去，徒留叹息·205

媒体慌乱，只为伊人·210

落叶归根，愿君安息·214

用尽一生，上海圆梦·219

邓丽君星路历程·221

第一章
Chapter · 01

小城故事多：
与音乐结缘

生命最是妙不可言，冥冥中老天会安排下什么，不由得我们去预料。待邓丽君成名之后，人们无法猜想当年，是在因缘的安排下，一个热爱音乐的姑娘降生台北？还是一个降生于台北的姑娘，因为热爱音乐成为一颗闪耀整个世纪的璀璨之星？然而，世间万物，冥冥之中自有注定。这个从小镇里走出来的窈窕淑女，最终还是做了那个万众瞩目的邓丽君。

襁褓婴孩，日后佳人

我不知道，是否有人在经年后，也曾这样问自己，"我从哪里来，要到哪里去？"宇宙广袤，天地有恒，而一个人的宿命却是难以预料的，这其中的因由，想必是参禅悟道的人都难以言说，所以才有了一句"到来处来，往去处去"。

然而，我愿意相信每个人都有前世今生。不然为何九百六十万平方公里的土地，有人降生在"大漠孤烟直"的塞北？有人降生在"风景旧曾谙"的江南？还有人漂洋过海，去到宝岛台湾？

塞北，是大漠孤烟直的塞北，是长河落日圆的塞北。"七绝圣手"王昌龄曾说，"青海长云暗雪山，孤城遥望玉门关"，塞北，放在古时，是征战，是烽火连天，是边关戍守，是铮铮铁汉那精忠报国的铿锵誓言！风起云涌，历史变迁，如今的塞北早已不再连年征战，天子的脚下也早已不是一人独权，但这块土地却传承了历史赋予的坚硬品格，依旧雄姿昂然！一代代的英雄豪杰，降生于此，成长于斯，历史的舞台，隋唐英雄的演义尚未退场,七侠五义的豪气更是冲破云天!更有杨贵妃巧笑倩兮,"一代名花倾城笑,名花倾国两相欢",三国貂蝉深明大义,不畏强权牺牲自我勇除奸!

塞北,地域辽阔,样貌坚挺,就连这里的人儿,也都英勇过人,刚正不阿。

江南,是烟雨醉朦胧的江南,是"气蒸云梦泽"的江南。想必这里令很多人心驰神往。在我还是一个学童时,书上字里行间的江南让人沉醉:青山碧水,郁郁葱葱。江南,永远以一幅水墨画卷的清淡呈现于脑海,久久挥之不去。想那有幸降生、成长于此地的人儿,必定是弱柳扶风姿、潇洒俊逸态。

古时四大美女之一的西子,浣纱越国,风姿绰约,素有"西施音容邈,典范照故乡"的美誉;王昭君体态婀娜,顾盼生姿,江南丰美毓秀的山川,滋润了她,玲珑了她,赋予她剔透细腻的情,明月般晶莹的心。玲珑剔透,一笑倾城;轻移莲步,遂成传奇。她们生于江南,长于江南,那片温存的土壤寄予她们娇柔的风情,使二美倾国倾城,万古流芳。到最后竟不得知,是那片温情脉脉的江南精雕细琢了这样一对美人儿,还是这娇小俏丽的美人儿成就出今日的江南?总之,那是一个太美的地方,性情太粗野的人,到不了那样的远方。

江南的美,只从画卷里,便使人爱上了;水乡走出来的人儿,更透着一股灵巧秀丽。每个人眼中的江南各有千秋,每个人爱上它的理由也大相径庭。有人爱它的绿瓦红墙，有人爱它的小桥流水，有人爱它的潇潇烟雨，而我独爱它的静谧。江南的静谧，是塞北的粗犷和喧嚣所不能比拟的。任凭沙砾，只要放在江南，也会本能地蒙上一层奇异、神秘的色彩。远处的山村是静谧的，近处的溪流是静谧的，置身其中的凉亭是静谧的，就连自己的心，也不知何时静谧了下来，不知不觉中，整个世界都静谧了。

在一股淡淡的静谧中，时间仿佛停止了。人们不会思恋曾经，也不会担心将来，只一心安享这片刻的清净。烦恼与忧愁转瞬即逝，每个人手心里紧紧握着的，就只有眼下的美好。

而台湾，不同于塞北的英气挺拔，更有别于江南的柔弱纤细，这里抛却了塞北那过分的硬，丢掉了江南那酥软的弱，却将两地之长集于一身，好好地酝酿、珍藏。琼崖海棠虽不比江南的白莲更有风华，却在柔媚中凭添一分坚定；芳樟、水藻，无数鲜活的生命沿着海岸山脉伸展，在断崖的灌木杂草丛中怒放生命。然而微风细雨，这里也是柔软又滋润的，所以成长于台湾的美女，有着江南美女骨子里的温婉，又有着塞北硬汉性格里的坚韧。

俗语说"一方水土育一方人"。因此，我总相信，一个人的脾性与她所降生的地域分不开，也更加笃定，有些人，生来注定要惊艳时光。

1953年，台湾南部的云林县，斜风细雨，暖燕呢喃，空气中氤氲着泥土的芬芳。这一年，就在这样一座风情旖旎的小城，一个纯洁无瑕的婴孩降生人间，父母给她起名叫邓丽君。

似乎在冥冥中，上天早已为这样一个甜美、温柔的女孩作好了命运的盘算，所以原本祖籍在河北邯郸大名县邓台村的她，才会出生在这风景秀丽的台湾。就着南方多情的雨水，邓丽君被滋养成了一道清新靓丽的风景，从此以后，她的喜、怒、哀、乐竟都不只是自己的了，而关乎和牵动着太多人的内心。待她长大，一点点、一寸寸展露芳华，也才懂得，为什么她要不远千里降生到台湾，那里给了她恬淡的风情，给了她芬芳的温存。

邓丽君的母亲名叫赵素桂，山东人士；父亲名叫邓枢，河北人士。

邓枢早年从黄埔军校毕业，这段特殊的从业经历，使他的身上孕育着一股治学严谨、待人真诚的品性，后与邓丽君的母亲相识，彼此互生好感，情深缱绻，终于在1943年有情人结成眷属，可谓一段天作之合。

原本，这对情比金坚的璧人可以在河北老家过着淡然、安稳的岁月，但命运似乎另有安排，又或者他们注定与台湾邂逅，共同谱写一段不解之缘。1949年，邓丽君一家迁往台湾南部的云林县居住。当时，云林县隶属穷乡僻壤，并无多少繁华，当地居民主要是一些闽南籍的农民，很少有从大陆转来的人士。

邓家人入乡随俗，在这里过起生活，虽然日子清贫寡淡，但一家人其乐融融，看上去倒也十分和睦。又因他们老实本分，与周围的邻居相处得亦十分融洽。

先于邓丽君，邓父膝下已有三子。还是在邓丽君的母亲怀孕时，曾有一位与邓家颇有交情的邻居，因多年来始终无出，特来邓家问询，提议邓丽君的母亲说，如果她这一胎仍就是个男婴，就讨了去给自家做儿子。

然而苍天有情，邓家得了一个女儿。当时，整个台湾地区，社会环境普遍不好，云林县的医疗条件十分有限，迎接邓丽君出世的是自己家的那张老旧竹床。邓丽君的父亲已经四十多岁，女儿的出世就像是一捧晶莹剔透的泉水，浇灌、滋润了他的心。最开心的还要属母亲赵素桂，在得知自己产下一女后，不顾生产后的虚弱，坚持要亲自抱抱她，一口一个"卿卿"小心翼翼地唤着。这种甜如蜜汁的宠爱在邓丽君离开襁褓以后，越发凸显强烈，不管走到哪里，母亲都要带她在身边，真正是母女情深，形影不离。

上天把这样一个晶莹剔透的婴儿给了这个家庭，从来到世上的那天起，邓丽君就是父母的掌上明珠，在一家人的热切关怀下，这个漂亮的小女婴一天天健康、快乐地成长起来。

最开始，父母疼爱她，给她取名邓丽筠，"筠"字意为美丽的竹子，大概因为她出生的地方竹林如海，风景清丽如画，家里人希望女儿可以如小城里的竹子一样，挺拔秀丽，柔韧不屈。但也许邓丽君这个名字更与她有缘，后来，无数人唤着唤着，丽筠变作了丽君，邓丽君的父亲在为女儿取艺名时，干脆就正式将女儿唤为邓丽君。

也许正因为这个名字，邓丽君这一生都在用甜美的嗓音诠释自己的人生，她的心思简单透明，像极了她的声音；她为人低调谦和，正如一抹夕阳下默默无语的细竹。她敢爱敢恨，做人坦坦荡荡，哪怕受到伤害，也决然不会对爱妥协一步。回首她这一生，爱得那样真切，又恨得如此纯粹，世上能有几个女子如她这般，遇见一个命定的爱人，不顾一切全身心投入？

而她现在还只是一个睡在襁褓里的纯洁婴儿，那么安稳、那么沉静。只有轻微的呼吸声，提醒世人这世间来了一个她。一个婴儿没有过去，她如一张纯洁的白纸。只有看不清、猜不透的未来，等着她去描绘，去书写。

此时此刻，传奇仍属于未来，我们只能静待这个女婴沐浴风雨、长大成人，一点点散发出她的生命光彩。

命中注定，与歌共舞

台湾，总也是容易见真情的台湾。风景已然美如一幅泼墨山水画卷，更何况有一群淳朴的乡亲，几个勤劳的亲人。邓丽君是幸运的。

早在唐朝，诗仙李白就已参悟了人生的真谛，"天生我材必有用"。这句话用到任何人的身上，都如同真理。因此，我相信，不管是谁，哪怕只是一朵淡雅的小花，一滴清凉的小雨，都是带着各自的使命，来到这个世界的。属于它的舞台不用太大，容纳它的空间不用太广，哪怕只一个小角落，也能让这一朵花、一滴雨，悠然自在，熠熠生辉。

生而为人，我们不是一朵花、一滴雨，却有了更多自在轻盈的梦，可以看透每一朵花的心事，看穿每一滴雨的归处。所以《红楼梦》里，林黛玉才要手把荷锄，含泪葬花，吟唱一曲《葬花吟》。待到秋日来临，放眼看那漫天的枫叶鲜红似火、随风飘零，又有谁能说，我们的宿命，不像是风里的场景，梦里的诗意？

是的，台湾美得就像一个梦。这梦是隔了海的，这梦是不能用眼睛看，只能用心听的。是的，邓丽君就是那活在美梦里的人，可她又是真实的、清晰的，可以用指尖触碰到的，可以用心去捕捉和寻觅到的。

说起云林县，邓丽君与它的缘分是摩肩接踵，彼此互为路过的一处风景。在不到一周岁时，一家人便举迁到台湾东部的台东县池上乡去了。急景凋年，谁人不想"岁月静好，现世安稳"，可现实残酷，当时的政治格局混乱不堪，很多人都同邓家一样，被迫从台南迁到台东，继而辗转台北，过起颠沛流离的生活。很快，在台东的岁月，也走到了尽头，这次，一家人搬迁的地址是台湾岛南部屏东市空军机场旁的"眷村"。

我相信，每一个人的心中都存在一个魂牵梦萦的地方。长大成人，我们为了前途或者其他，离开熟悉的故乡（背井离乡），不远万里投奔远方，将他乡作故乡。一个人，不能守住自己的故乡，或许是因为同它的缘分浅薄，或是冥冥中自有异乡发出了召唤。而人的一生中，又是与多少令自己感到留恋的人，只能含泪忍别、擦肩而过，不留一丝痕迹。这是相逢的无奈，也是分离的惆怅。

但那个时候的邓丽君，还太小，她还不懂何谓乡愁。

每个人来到世间，都带着一份独一无二的气质，所以这世间没有两片脉络完全相同的树叶，也没有两个性格完全相同的人，有些人骨子里很安静，有些人血液里流淌着躁动不安。这正是每个人所不同于他人而存在于世的本质。但后天的启蒙一样不可或缺，很多时候，不是我们不愿恪守心中那一份本真，只是环境变了，我们的心性也随之潜移默化地发生了相应转变，所以人们才会在成长的过程中充满疑惑，不断地追问自己，"这是我吗？怎么会变成这样？"这是否就如纳兰性德所说，"等闲变却故人心"？然而现实中，又有几人真正情同此理，可以做到"莫道故人心易变"？

所以，大人要认真地培育和熏陶每一个天真的孩童，每一个纯洁的灵魂。稍微长大一些，邓丽君渐渐喜欢上了音乐，与此同时，在音乐上的天赋也开始显山露水。邓丽君的母亲很喜欢听黄梅曲调，闲来无事，总要躺在床榻上，舒展身体，眯起眼睛，听上那么两三段。这就为邓丽君提供了更多接触音乐的机会，同时也埋下较为扎实的根基。也许是因为自幼便受到母亲的感染、熏陶，也许是天生就与音乐有着不解之缘，邓丽君从小就有表演的天分，每当音乐声响起，她总是站在收音机前，睁大双眼，仔细捕捉着那些悦耳动听的美妙音符，和着节拍唱唱跳跳，手舞足蹈，学习的样子十分认真！

忘记了是谁曾说，喜欢即是一种天赋。如果这种说法成立，邓丽君可谓天赋异禀。小小的她不仅对音乐产生了浓厚的兴趣，更拥有过耳不忘的记忆才能，只听过一遍的歌曲，她竟能哼出十之八九。那时候，她最喜欢听白光、周璇，天空辽远，星辰闪耀，仲夏之夜，邓丽君捧着收音机坐在自家院子的凉台，仔细聆听每一个音阶，就这样听着、笑着，将美妙的音符串成一段华丽人生。

五岁那年，邓丽君对音乐和表演的兴趣越发浓厚，为了更好地培养她，父母将她送入屏东市戏院附近学习芭蕾舞。

然而，这段安稳的岁月只持续到了 1959 年，这年 11 月，一家人再次因为父亲在政务上的问题，搬到了位于台湾北部的台北县芦洲乡，这里钟灵毓秀，风景宜人，很快，一家人在此定居，此时，邓丽君已到入学年龄，随即进入芦洲小学。

孩子的眼神总是纯真无邪，在那双黑色闪亮的眸子里，像是藏了一位生活的智者，小小的邓丽君，聪慧懂事，为了帮家里多领到一些救助物资，她开始跟随大家一起信奉天主教。几年过去，邓家的经济状况仍不乐观，一家人挤在不足 30 平方米的小房子里，生活拮据。但邓丽君乖巧懂事、聪明伶俐，从来都不让父母分心，这让一家人感到无比欣慰。

她也还是那么天真开朗、活泼动人，不管走在哪里，总是快乐地哼唱着歌。

这天正午时分，台北忽然淅淅沥沥地下起了小雨，人群中一些人没有带伞，在雨中昂首挺胸故作潇洒；一些人撑着雨伞，步履苍茫、形色匆匆；人们的脚下扬起水滴落下砸出的小小水花，远处正有几个人笑着交谈，声音似近非近，似远非远，听不真切，空气中不断有水雾迷离视线，远远看去，俨然一幅雨中众生百态图，意境如此臻美，大概是注定要发生一些美好的故事吧？

果然，当小邓丽君走在街头，像往常那样愉快地哼着歌，引来了一位五十多岁的老人在一旁驻足，倾身探听。

她的年纪太小，还不知道这首歌在唱什么，也不懂所谓哀愁，究竟是怎样一种情怀，但她爱上了那美妙又哀怨的旋律，爱上了那些看不见的音符，爱上了那些女人动听的声线，还有那空气里淡淡地飘散着的一抹轻盈伤感。

此时此刻，只要爱，就够了；只要爱，只要在雨中，将那调子轻吟浅唱，静听旋律此起彼伏，就够了。

待她走到家门口，那把黑色的雨伞和一身银灰色的西服，也像一朵云飘到了她的身后。就这样，趁着一阵微风细雨，一个女孩传奇的人生就此拉开序幕，她就这样和音乐开始了相识、相伴又相互拥有的一生。

那把黑色的伞，带来的是希望；那身着银灰色西服的人，给了一个女孩一个梦幻的开始。多少年后，正是这个人让邓丽君真正拥有了音乐，唱出了真我风采，带她开启辉煌人生的大门，带她走向一道通天的星光大道。这个人就是邓丽君的恩师常荫椿教授，此人精通声乐，以开设声乐训练班、主持声乐训练为大家所熟识，在台湾音乐界享有至高声望。

如果说这一切都是命中注定，邓丽君喜欢音乐是，她拥有过耳不忘的音乐才能是，甚至她遇到了恩师常荫椿也是，那么，是不是一个人的命运早已被上天作了精细的编排？但无论如何，上天是宠爱邓丽君的，也正是因为这份宠爱，她才足以成为我们所"熟知"的一代歌星。

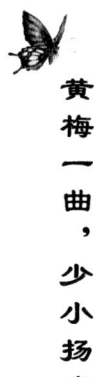

黄梅一曲，少小扬名

  人与人之间的相逢真是难以言说，一生的道路很长，上天会安排我们遇到很多人，这些人有的成了我们的朋友，风雨相携、同舟共济；有的成了我们的恩人，慈航普度、悬壶济世，而更多的，则成了彼此的过客，只匆匆一面便散落人海茫茫，再不相见。

  正因为这样，我们才要懂得珍惜，珍惜彼此之间互相修来的福分。对于朋友，我们要怀抱一颗真诚的心，感谢有他们陪在身边，一起"采菊东篱下，悠然见南山"；对于那些有恩于我们的人，更要将这份关怀牢牢记在心底，小心珍藏，期待有天可以如数偿还。但不免有些人，即便我们穷极一生，也无法回报他（她）的宽大胸怀。

  茫茫人海，你我匆匆相遇，不做任何彩排。遇到就是缘，这是上天的安排：一些人出现并停留在我们身边，到一定时间他们远走高飞，只留下一个模糊的背影、一段逝去的时光令我们回首、追忆。那人匆匆撤离我们的视线，从此海角天涯，从此关山日暮，也许很快就能再见，也许今生已然无缘。而我们只能在一切未知的情境下，悉心守护着共同度过的温馨时光，因为这必将是一生最珍贵的过往。

邓丽君在她刚刚拾起对音乐的爱好时，就在上天的善意安排下，遇到了给她提供最大帮助的音乐伯乐——恩师常荫椿，在他的悉心指导下，邓丽君从民谣戏曲唱起，每日勤于练功，丝毫不敢有所怠慢。

辛勤的付出总能结出善果，事实证明，常荫椿果然眼光非凡，邓丽君婉转的歌喉、清丽的容貌，令每一个见过她的人、听过她的歌的人都感到十分眷恋。

好种子要先落到肥沃的土壤，然后依靠春天甘润雨露的滋养，生根发芽，最终吐露芬芳。

1963年的夏天，香港著名电影导演李翰祥执导的黄梅调故事片《梁山伯与祝英台》在台湾公映以后，便迅速掀起一次民众高唱黄梅调的热潮，邓丽君便是其中一个积极的响应者。天生优越的嗓音条件，加上常荫椿的悉心指教，她很快就一跃成为众多爱好者中的佼佼者。黄梅调由此盛极一时。不久，"中华电台"发现这是一个可以进行商业投资的大好时机，决定举办一次"黄梅调歌曲比赛大会"。

这一举动立刻得到大批黄梅调爱好者的一致拥护，各地参赛者如潮，邓丽君的恩师常荫椿认为，邓丽君兼具优异的演唱功底和表演才能，一定能从这里脱颖而出，便在尚未征得邓丽君本人及其父母同意的情况下，代为报名。

邓丽君就这样参赛了。当时她还只是一个刚满10岁的小学生，可竟然在预选赛的前两轮，一连击败了数十名竞争对手，最终杀入决赛。可就在决赛前夕，邓父邓枢得知此事，他百般阻挠，不许女儿参加比赛，原因是邓丽君马上就要参加小学升初中的考试。邓丽君一时进退维谷，只好亲自来向常荫椿教授求助。

常荫椿听说整个事情经过后，发出一声长叹："丽君，要知道你已经是接连两轮取胜，又遥遥领先的选手了，如果现在你半途而废，真是前功尽弃呀！"

邓丽君心中似有难言之隐，只见她欲言又止，冷不防双手掩面，轻声啜泣起来。

"丽君，如果你要中途退出赛事，我也无法强迫你上阵。"常荫椿教授体谅地说，"我要告诉你的是，这场歌赛对你来说事关一生。如果你真能登台，我敢保证你能取胜，那么你今生也许就以此次赛事为转折点了！可是，如果你情愿为迁就亲情而舍弃这桩赛事，恐怕就会铸成终身的遗憾，你可懂我的意思？何去何从，就由你自己拿主意吧！"

"我懂我懂，可是我又不能……"邓丽君急得红了脸，但刚只说了两句，又忍不住大哭起来。常荫椿教授看了不免有些心疼。眼前的一幕使他想起，两年前因要求邓枢允许女儿跟自己学习声乐时，两人有过一次不欢而散的经历。后来，他改向母亲赵素桂说情，最终以一片赤诚打动了对方的心，这才收得邓丽君这个好学生。

如今，常荫椿在这次关系邓丽君前程的重大抉择面前，又一次想到了她那通情达理的母亲。

那天下午，常荫椿打电话将赵素桂约出，两人在邓家附近的一家咖啡店里碰面，他先将邓丽君的参赛情况以及取得的成绩告知邓母，进而恳切地说："老嫂子，如果你当真喜爱你的女儿，那么就会在此关键的时刻，成全她的大事。休要小看这场黄梅调的比赛，丽君如真的取胜，她也许从现在起就可以走上一条通往光明的人生坦途！"

赵素桂默默地品了一口苦涩的咖啡，陷入沉思。身为母亲她当然希望女儿能走上一条唱歌的辉煌道路，但同时她又不得不顾忌丈夫的想法。她只好叹道："常先生对阿丽几年来的苦心栽培，我们已经感恩不尽。本来这次比赛是该让阿丽去的，只是她的阿爸担心影响她的升学考试呀！"

"升学考试当然也是紧要的。我也会督促丽君好好温习功课，力争考上台北最有名的金陵女子中学。老嫂子，依我观察，丽君自与我学练声乐以来，学习功课更加刻苦，成绩也很有起色。你知道，参加黄梅调的比赛也不过只是半天的时间，它可是关系到她的一生啊！机不可失，时不再来啊。"常荫椿苦口婆心，一心想要征得邓母同意。

空气突然变得沉寂。赵素桂忧郁地望着窗外街道上来来往往、穿梭如流的车辆，然后转过身，对准常荫椿轻轻地点了下头。

常荫椿顿时开心地笑了。此时，窗外正是阳光明媚，碧空万里，一片澄净。

决赛当天,台北大戏院门前人头攒动,各式大小车辆早已堆满街道。正午时分,邓妈妈携着做过精致打扮的小丽君来到大戏院。后台扮妆时,一位女化妆师为邓丽君借来一套京剧生角的精致行头。邓丽君立即穿上,她颀长窈窕的身段立即凸显出来。黑色的秀才官纱帽配一袭粉色长袍,邓丽君俨然就是梁山伯转世。她在化妆镜前看到自己,忍不住"扑哧"一声笑了,对守在一旁的恩师和邓妈妈说:"我这女扮男装,倒还真有点像呀!"

常荫椿坐在一旁仔细端详,忍不住连连发出赞叹:此时,眼前这位年仅十岁的小女孩,古装扮相竟是如此潇洒风流、气度不凡。

正在这时,催场的铃声响了,邓丽君立即从恩师手里接过扇子,冲着两人露出一个甜蜜的微笑以示自信。

登台的这一刻,灯光耀眼,舞台璀璨。那个小小的身影身着干净的戏服,飘逸、俊秀,邓丽君的扮相瞬间惊艳了所有人的目光!人们就这样沉下去,顺利地进入戏中。只见,她眉眼如画;只听,她曲调清扬,无论是观众还是评委都惊叹这美到极致的演出,人群中不断爆发出一阵阵热烈的掌声。

直到邓丽君表演结束,她对着台下礼貌地鞠了一躬,人们依旧沉浸在《梁祝》的凄美故事中。

挑剔的评委们异常的欣喜,都认为自己遇到了音乐小精灵,纷纷朝她投去赞赏的目光。最终，邓丽君一路过关斩将，顺理成章地成为当届黄梅戏比赛的冠军。

恩师常荫椿的眼眶湿润了，他为自己的坚持感到自豪；邓父的嘴角轻轻地上扬着，脸部的肌肉也不再僵硬，他向女儿投去一个慈爱的眼神，看到此时同样露出一脸笑意的女儿，内心顿时充满感动。是的，这是他的女儿，此时此刻，她是那么光鲜亮丽，作为这个女孩的父亲，他是成功的，但他更骄傲的是，女儿邓丽君在音乐上崭露头角，靠她自己的天分和努力，终于站在了公众的面前，并获得了大家的高度赞扬。

对于一场比赛来说，我们都知道，一个默默无名的单纯只是热爱表演、音乐的人，想要瞬间引起观众的注意概率很小，而你登台表演的那一点时间几乎决定了你的整个演艺生涯。人们信赖第一印象，因此它总是重中之重。每个参赛者，机会均等，上天垂怜，邓丽君抓住了这唯一的机会。她太适合梁山伯这个角色了，当那一身淡蓝色的戏装一穿，黑色的帽子一戴，往日飘逸的长发不见了，却平添几分干净利落。再加上她那张俊美的脸庞，梁山伯不就是一副文文弱弱的书生模样？形似七分已是震慑人心，何况她的嗓子如此清亮温润，就像山间流淌的小溪，林间奔腾的细浪，缓缓地滋润了人们的心田。

这样一个飘逸、俊秀的梁山伯，谁能不醉呢？

这成功看似来得突然，但却得益于邓丽君追随恩师，夜以继日地苦练音乐甚至学习乐理知识。如此想来，这美好的结果是她应得的。勤奋的姑娘理应获得上天的青睐,她或许天生就是为唱歌而生,比赛倒显得只是一个顺水推舟的成名途径。

这次崭露头角,使得邓丽君的名字开始频繁出现在台湾民众口中,更有众多商家纷纷邀请她登台演出,随着演出机会不断增多,邓丽君的星途也是一片光明。

绚丽的演出服,瑰丽多彩的表演舞台,高质量的音响……当她站在舞台上,仿若置身仙境,四周美得好像一场清梦,然而这不正是她内心深处最强烈的渴望吗?不久之前,至少是没有参加这场比赛时,她还仅仅只是一个热爱唱歌但却无人问津的普通女孩,那时候,为了表演她找来左邻右舍的小伙伴充当观众,好满足自己登台的伟大心愿。现在,她再也不用这样了,舞台下、大街上甚至是台湾人家的住所,很多人都在认真倾听她的歌声。

邓丽君终于站在了真正的舞台上,从此拥有了真正的观众、真正的掌声。

"娃娃歌后",实至名归

我们很多人一生之中,特别是在年轻的时候,总渴望上苍能够擦亮眼睛,看到自己的勤奋、努力,然后成全这辛劳的奔波,这奋力的拼搏,或是给予名,或是给予利。这样的结果对每个人来说,也算有所回报。

就像邓丽君这样,因天分好,又肯勤学苦练,终于得到一个合适的契机一下子步入公众的视野,光明正大地从事自己喜爱的音乐事业。

幸运女神的眷顾,给邓丽君的生活带来了重大转变。1965年,邓丽君顺利升入金陵女中,与其他的初中生不同的是,她除了上学、回家帮父母做家务,更有了一份"工作"——跑场演出。和第一次参加比赛的际遇相同,因为歌声甜美,形容俊俏,很快"邓丽君"这个名字就为大家耳熟能详了。邓丽君成名以后,更是频繁穿梭于各大电台、歌厅之间,靠演出挣了很多钱,直接导致她在家中的地位发生了根本性的转变,从一个"消费者"转变成供养整个家庭的经济支柱,极大地减轻了父母肩上的重担。

丰厚的回报常常需要付出更多的心血和劳力,随着钱越赚越多,邓丽君的身体也在不断地加速消耗,她很忙,因为到处赶场子,很难抽出时间好好休息,更多时候,她总是尽最快的速度穿梭于各个表演场地,从换装到上妆,莫不如是。她必须在尽量短的时间内,顺利演出完。有时候一跑就是一个通宵。还是少女的邓丽君,肩上背负着连成年人都难以想象的重担。

1966年,在当时声震台湾的唱片公司的盛情邀请下,邓丽君在这一年正式加入"正声广播公司",成为公司第一期歌星接受歌唱技巧等各个方面的正规培训,可以说,这一阶段是她整个歌唱事业的关键阶段,更是促使她日后在歌坛绽放华彩的重要资本。

世人喜欢美玉,皆因它们温润、纯净,经过一番细心雕琢,能够成为一代精品,万古流芳。人虽不比美玉,可以万年留存,但从本质来说,有潜质的演唱者和一块璞玉都具有成为精品的条件和资格。璞玉吸引爱玉之人,即便踏遍千山越过万水也要求得,好的歌唱者则吸引那些早已在音乐界享有盛名的前辈。

当时,处于发展中的邓丽君,因为内心怀抱着对音乐的热忱,始终坚持。她是一块美玉,为什么不再等一等,那有缘的人?

进入正声以后,邓丽君丝毫不骄傲、浮躁,她还是那个认真对待音乐的女孩儿,因此得以在歌唱事业上继续飞黄腾达,此时,一位贵人——当时在台湾很有名气的作曲家翁清溪来到了她的身边。

翁清溪曾说，台湾那时候都在口口相传"邓丽君"这个名字，他还直好奇这是怎样的一个音乐奇才，直到听了几次她的演唱，他才相信自己毕生想要寻找的那个"一表女才"如今已在眼前。作为一位音乐大师，他很感激上苍安排的这段相遇——没有太早，太早他不会注意到她；也没有太晚，太晚她或许不再需要他。人与人之间的缘分原本就妙不可言。他是一个好心的伯乐，待遇到她，她自然就是那匹注定要驰骋天下的千里马。毫无疑问，翁清溪是喜欢邓丽君的。

一个人喜欢你，必定要喜欢要心坎里去，只因从那里流转出的感情，带了最贴近心脏的体温——不温不火，永远像冬天里的太阳，暖暖的。

对一个人的喜欢，也必定要发自内心，只有从心底流淌出的感情，才能通过时空的交错，准确无误地传递到对方的心里，好叫她知道你是真的用了心。

显然，翁清溪做到了。他喜欢邓丽君是真正发自内心的，每当看到她取得进步，脸上总会扬起会心的笑容。从接触爱徒的第一天，他不但亲自指导她唱歌，更多次免费教学。面对老师这样悉心的教导，聪明的邓丽君，岂会不懂得这份良苦用心？她只管用功练习，将这份恩情牢牢记在心底，三个月后，果然以优异的成绩从歌唱训练班毕业。

可以说，翁清溪在邓丽君早期的演艺生涯中刻下了极为浓重的一笔，她之所以能够取得日后那隆重的成功，离不开这位老先生的栽培。然而，这只是她成长道路中的一根"拐杖"，或许是因为人们倾慕她的才华，或许是不忍上天精心塑造的音乐奇才就此凋零，在其通往成功的道路上，日后得遇更多的人提携她、教导她。此情此景真可谓繁华遍地，笙歌缭绕——左宏元老前辈就是其中极负盛名的一个。

左宏元老先生是台湾国语流行歌坛的标杆舵手，是著名的畅销歌曲词作者。他为邓丽君量身打造了脍炙人口的《彩云飞》和《千言万语》，使美人再添传世之作。而令人更加意想不到的是，他还担当完成了至今风靡全国的《新白娘子传奇》中所有歌曲的作曲，并亲自演绎经典名篇《渡情》。被他捧红的著名歌手不计其数，凤飞飞、甄妮等皆在内。

那样凄婉又带着些许淡淡哀愁的词，通过邓丽君那温柔迷人的声线演绎出来，真是令人觉得忧愁也不是忧愁，寂寞干脆就任它寂寞了。这是一种豁达的追求，也是一种沉醉的状态，人们单是听到那柔美的声线就要迷醉，而此时这忧愁的词、哀怨的曲，都变成了一杯杯消愁的酒，让人千杯不倒、心自迷离。

直到今时今日，人们回忆起邓丽君的时候，还能唱响这些精妙绝伦、世间无双的词曲。我倒是不知道是这两首歌成全了邓丽君，还是这两首歌因邓丽君的完美演绎才得以流芳百世？但这些已经不重要了，即使斯人已去，这两首歌还是以它最完美的状态呈现在每个热爱和怀念着邓丽君的人前,千秋万代,旋律不改,每每响起,似是佳人归来。她的精神,永远被封存在美丽的旋律中,当人们怀念之时,还有可供怀念的契机,还有可供重温旧情的方式,这,就够了。

对于一个发展中的年轻人来说,自身的才华固然不可缺少,但成长的道路若能得遇贤人指点一二,那真好比如虎添翼,想不成名都难。

这一年,邓丽君还在母亲的带领下,报名参加了台湾"金马奖唱片公司"的歌唱比赛,当时年仅13岁的她,不负家里人的期望,最终以一首韵味十足的地方小调《采红菱》,成功打败了很多歌唱界的前辈,一举摘得冠军。

又一次在大型比赛中获得殊荣,使邓丽君引起了音乐界更多的关注。对于音乐来说,或许自古至今都是如此吧,毕竟为音乐创立的比赛也是一种比赛,只有真正具有音乐潜质的新人才能顺利地脱颖而出。邓丽君、张国荣、梅艳芳,这些人的成名之路,莫不如是。

而当时还只是天真少女的邓丽君,明亮得就像一颗半掩在众多沙砾中的珍珠,那些平凡又庸俗的物质遮挡不了她的光辉,像《肖申克的救赎》里说的:这世界有一种鸟是关不住的,它们的羽毛散发着自由的光芒。

犹如这颗珍珠,光芒万丈。

受益于一位台北东方歌厅老板的赏识,邓丽君获得了更多的演出机会。最开始,人们都对这个个子不高,长着一副学生模样的小女生感到好奇，但她只要一站到台上张口唱歌，几乎所有人都惊讶地张大了嘴巴，人们会情不自禁地遗失在美妙的歌声中，送上一阵阵热烈的掌声。因长相和歌喉十分讨巧，曾有人形容邓丽君唱歌像是黄鹂啼鸣，这比喻虽然烂俗，但几乎所有人都知道黄鹂的叫声是那么悦耳，那么动听。

渐渐地，老板越来越信任邓丽君，开始尝试着安排她和另外一个女孩相互搭档，演唱小调歌曲。别说是在当时，就是现在也极少有戏曲是同性对唱，因此邓丽君常女扮男装，配合对方进行表演。当她以一身干净整齐的男装亮相，小女儿家娇俏的脸庞竟也顿时多了几分男子才有的英俊，这不禁又叫台下的人称赞连连。邓丽君的光芒越来越盛。

名利是一对形影不离的好兄弟，在东方歌厅的客串使邓丽君获得了更大名气，也为她带来了更多的财运。那时候，因很多商业巨头的争抢，她的出场费已经涨到新台币一千到两千之间，这几乎等于是台湾一户普通人家半个多月的生活费。

这期间，台湾飞速发展，台北似乎是一夜之间变成了一个实现梦想的地方，各种歌厅、夜总会犹如雨后春笋纷纷破土而出，瞬间将整座城市装扮成一个漂亮的梦工厂。

而邓丽君无疑就是这座"梦工厂"最重要的一张底牌。

为了保证歌厅卖座，各个歌厅纷纷花重金聘请邓丽君到他们那里登台演出，才上初一的邓丽君，因为有了这么多商业的邀请而身价大涨，在很长一段时间内，她的名字都排在海报最显著的位置，顿使同行觉得"后生可畏",又让外行感到由衷钦佩,因此,人们便封了她一个有些奶气但仍不失真趣的称号——"娃娃歌后"。不管哪家歌厅,只要歌后登场,绝对座无虚席。

邓丽君火了。

有人说,上天总是公平的。它在给予人一份好处的同时,也会悄悄拿走你的另一份便利。在这里,这个所谓的便利具体是指,邓丽君的学业。成名的邓丽君,不再是当初那个默默无闻的小丫头,除了功课她有更需要自己上心的歌唱事业,而一个人的精力总是有限的,她无法同时兼顾学业和唱歌。

1967年,邓丽君所在的金陵女中终因她无暇顾及学业,对邓丽君下了最后通牒——要她在读书和唱歌之间作个抉择。邓丽君的父母在得知这一情况后,对女儿是继续读书还是坚持唱歌迟迟无法作出决定,这使家里的每个人都有点不知所措。断断续续,经过三个多月的思想挣扎,在邓家人的全力支持下,邓丽君最终选择辍学。

失去学业的邓丽君似乎并没有太多伤心,也许在她幼小的心灵里,唱歌始终是最重要的。而母亲此时大概已经尝到了女儿成名后带来的种种"甘甜":她们的家庭经济情况比以往不知好了多少;而作为一个母亲,她清楚女儿很享受站在舞台镁光灯下的感受,一个母亲永远会这样觉得:女儿的快乐就是她的快乐;女儿的所求,就是她毕生的追求。这真是应了那一句"可怜天下父母心"。

从学校办了退学手续,邓丽君很快便加入宇宙唱片公司,正式出道成为一名歌手,当时她只有14岁。这年9月,经过专业训练的邓丽君,在公司的大力包装下即推出个人演唱事业的第一张唱片《邓丽君之歌第一集——凤阳花鼓》,这标志着她开始正式踏入歌唱生涯。

多年后,已是世界知名歌手的邓丽君再回首自己当初在歌厅演艺的经历,她不无感慨:

"在成名前,特别是在以台语歌曲为流行趋势的台湾南部,我也曾挨过一段整天盼着有歌唱的苦日子。到成年多少年后,我还不能忘记年幼时所遭遇的人情冷暖,也始终都记得,当时很多老板只要一看到红牌歌星,就会支开我这种小牌新人的委屈。"

暂处低谷，星光难掩

耀眼的光芒，注定了她要极致绽放。

1968年，邓丽君在台湾拥有了更大的知名度，其歌艺备受肯定，遂获邀参加台湾最具影响力的歌唱节目——"群星会"，这一年邓丽君刚满15岁，这是她第一次上电视台表演。

"群星会"是当时台湾唯一一个歌唱节目，同时也是受众最广的电视歌唱节目，每个台湾歌坛的实力派新星都是从这里走上自己辉煌的演艺事业的，在台湾，这档节目就是权威，就是说服力。所以，很多红遍东南亚及中国港台地区的歌星，都是已经在演艺圈里得到一定程度的认可，才有资格前来参加节目。

灯光、音响各方面准备就绪，邓丽君和其他几位新兴歌手一同站在舞台中央，虽然此前已经有过多次表演经验，但毕竟这是她第一次面对摄像机，那个黑黑的摄像孔似乎能轻易窥探到她心乱如麻的内心世界。也许是脑子太乱，当时她真的太紧张了，以至于歌曲旋律响起，轮到她开口唱时，只空空地张大嘴巴，却没有一个熟悉的音符从里面跳脱出来。

这一幕把在场的所有电视台的工作人员吓坏了，当年没有先录像后播出这回事，一切都是现场直播，一个质量高档的节目发生这样的丑事，制作人慎芝急得猛拍脑袋，恨不得把仍旧站在台上不知所措的邓丽君生拉下场。

有了这一次不光荣的表演经历，从那之后，邓丽君被各个电视台冰封冷冻了很长一段时间。

从这件事情可以看出来，世事无常，任凭上天再多垂怜，一个人还是要靠自己的努力，多掌握演唱技巧才能绽放更多的光彩。

如果，邓丽君只是长了一张清秀的面孔，生了一副甜美的歌喉，却完全没有喜欢音乐，也就无法遇到那些疼惜她、指导她的人，她的一生（至少是童年），就如同其他的客家小朋友一般，晨起到林间沐浴新鲜的竹风，黄昏挽着父母平凡却幸福地行走于回家的路。

虽然，那样的邓丽君不会成为家里的"顶梁柱"，她的家境依旧贫穷，她没法站在闪烁的镁光灯下，为梦想高歌。但她自会有命运为她安排的另一种幸福，虽平淡，却也是山野田园，星海月河，拥有那来自农家庄园的真实欢乐。

或者，她从来不曾来过台湾，她就出生在那个与台湾相去甚远的偏远山区，童年乃至少女时代，始终守着那幢老旧的宅院。她是否甘心放弃自己的音乐才华，找一个凡夫俗子，与之共沐晨昏，一起携手穿过每个春夏秋冬，渐渐老去。想那景象，必定是深深庭院，雕花木窗，一面绿色的墙壁爬满青苔，木栅栏里种几树桃杏，徒步树下，远远就嗅到扑鼻的清香，这种流水的日子，是一种简约的美丽。她会是个凡人的妻，在慵懒的阳光下，一针一线小心翼翼地缝制爱人的衣裳。

等到了傍晚，他们吃过晚饭，或者坐在桃花树下，共赏天边晚霞；或者携手穿过村前屋后，聆听溪流那清浅的欢唱；哪怕什么都不做，就只是坐在屋子里对望，任时光如梭，那个男子温和的目光，一直紧紧盘桓，不曾远离。

然而，这一切只是假想，现实永远最大。温柔婉约的邓丽君，才华横溢的邓丽君，拥有美丽声线的邓丽君，注定要惊艳世人的目光。也许吧，在她的内心深处，始终更爱柴、米、油、盐的普通生活，但命运却执意要她走上一条奇异香艳的明星路。此一去，红尘万里、纤衣飘飘，再不能回头。

既然注定惊艳，一次"雪藏"怎能掩盖她的光芒？凭借自己突出的唱腔，邓丽君最终顺利成为"群星会"节目的固定班底，这代表她的歌艺表现已经完全获得全台湾最具权威的歌唱节目的肯定，更值得骄傲的是，她算是"征服史上"年纪最小的一位红牌歌星。

不刻意去追逐潮流，总能令自己寻到一片干净的天空。当时，很多明星在上台表演之前一定要浓妆艳抹，好突出演出效果，但邓丽君因为年纪小，加上她从来都喜欢保持淡雅，故在观众看来，她倒是一群人中最为突出和容易辨认的那个。在一群妖冶的成年女性人群中，邓丽君以一枝小荷的清新姿态，屡次出现在电视观众的视线里。这枝小荷很懂得沐浴阳光，吸收雨露，每一天都在茁壮成长，很快就脱颖而出，成为"群星会"最受欢迎的明星。

人间，因为懂得感恩，变得美好、丰满。你还记得曹雪芹先生所著的《红楼梦》吗？林黛玉原本是一棵绛珠仙草，为了还尽贾宝玉一滴甘露的恩情，下凡投胎化身为他最爱的林妹妹，为他伤心、伤情，至死方休！

这就是报恩。

邓丽君在成名后，也一直都怀有这种感恩的心情，始终记着那些旧日曾提拔过自己的恩人。一次，"群星会"的制作人关华石、慎芝夫妇身体欠佳，偏又遭逢白发人送黑发人的悲惨际遇，邓丽君得知这件事，特地返台探视，给予温情关怀。在慎芝的印象中，邓丽君是个喜欢吃各种零食的小姑娘，在这点与其他同年龄段的女孩并无不同。而她本人的一句话更令慎芝记忆尤深，她说，"吃零食好像人生一样，应该要样样尝试"。可见还是一个小女孩的邓丽君，就已经显出早熟的一面了。

婉约清丽的外貌、青春缭绕的歌声，使得邓丽君迅速成为华人文化圈中新一代的青春偶像，为她日后的赴日旅行打下了扎实的基础。

第二章
Chapter · 02

在水一方：
外面的世界很精彩

我们总归不会始终停留在一个地方。因为有些地方需要我们的发光、发热，有些地方在远处发出深情的召唤，有些地方永远也成不了毕生的故乡。再也没有一个地方，如香港那般，让邓丽君沉醉了。她辉煌的事业从台湾开始，却是从这里走向辉煌。这个走出台湾的小镇姑娘，用万种风情点燃了香江两岸。

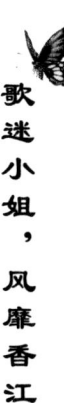

歌迷小姐，风靡香江

香港，提到这个名字，我总要想起张爱玲。倒是不晓得是佳人留在名城的颜色滋重，还是名城使佳人的人生更灿烂。那些年，民国一代才女正是于此成熟，从绚烂花开到迅速凋零。她将自己的人生燃烧献给了这座城，在城里演绎一场惊天动地的"倾城之恋"。我不知道，对于张爱玲来说，香港究竟是缘是劫？但我想，人的一生中总要有这样的一座城，让一个人魂牵梦绕。

很久以前，你没有见过这样的城，但很久以后在你第一次遇见它，就忘记了世界上任何一处的风景，你的心只为这座城市的灯火牵动，你只肯为这座城市行色匆匆。它也使你安心，居住在它的身体，就像流浪的孩子找到了温暖的依靠。

对于邓丽君来说，香港就是一座这样的城。

1970年1月，邓丽君来到香港，参加香港工展会主办的"白花油慈善义卖"，这是她步入歌坛两年后第一次来到这里。当时，白花油药厂是当时极具规模的一家企业,每年公司的董事长都会邀请明星进行义卖活动,义卖所得最高者即被封为当届的"白花油慈善皇后"。具体的活动形式是这样:由明星担任物品拍卖官,每人负责一种产品。因为慈善会卖的不是物品本身的价值,而完全靠明星的名气来决定最终拍卖价格,所以很能彰显各个明星在大众心目中的真实地位。

让邓丽君万万没有想到的是,经她手拍出的第一件物品就被抬到了5150元港币,为此,公司董事长按照惯例,当场封邓丽君为"白花油义卖皇后",她也是展会义卖历史上最年轻的"皇后"。

展会结束,邓丽君这个名字相继疯狂出现在当地各个电视节目报道中,这无疑使她的知名度又再提高了一层。

第一次来香港,邓丽君很喜欢这个地方,她觉得香港有一种融合了东西方文化的特殊魅力,因此迫不及待地想要到四处逛一逛。但义卖活动实在是太忙碌了,会展结束之后还有"加冕"仪式等着她。

这一天,"加冕"的日子到了,邓丽君小姐白衣飘飘,略施粉腮,整个人显得神清气爽,为她颁奖的是白花油公司的董事长,到场的还有很多来自政界和娱乐圈的名人。

此次活动标志着,邓丽君在香港歌坛的地位正式确立。

自古以来,有名气的人总是备受关注。成为"皇后"一个月后,香港无线电视台就找到了邓丽君,双方经过协商,最终,邓丽君与对方签订客串演出一个月的合作协议，这代表她在港的这段时间不能参加其他电视台的演出活动。

像张爱玲一样，香港为邓丽君带来了好运。她就像一朵含苞待放、初露粉妆的花朵，在这里获得了更多的阳光、雨露，变得更加芬芳水嫩，鲜艳欲滴。

8月，邓丽君跟随"凯声综合艺术团"再次来到香港演出。此时此刻，邓丽君已对香港产生一丝亲切之感，再次来到这个自己梦寐以求的城市，她的心情十分舒展。同样，这次她也没有做特别的打扮，依旧以她清新、自然的形象站在公众和媒体面前。对台湾有效的形象冲击在香港发挥了同样重大的作用，那个年代，观众只知道明星各个都浓妆艳抹，从来没有见过拥有如此清纯模样的明星。"小清新"的风格成功征服了当地观众的心，对于邓丽君的再次来访，人们纷纷表示热烈欢迎。

当时，邓丽君的出场费已经高达一千多港币，和刚出道的时候相比，已经有了翻天覆地的变化。邓丽君在后来回忆起自己当初踏上歌唱事业的最初，曾这样说道，"我最开始的演出费只有五块钱，仅仅是我从家到演出场地的交通费，但那个时候我只要唱歌就很满足"。正是这种发自内心对歌唱事业的喜爱之情，使歌迷更加热爱邓丽君。

她在香港的行程安排得极为紧凑，以至于两次来港都没能有时间好好地与之亲近。"凯声综合艺术团"的演出结束后，即获得电视台

的邀请,做了《歌迷小姐》歌唱节目的主持人。当年台湾报纸刊登此事,详情如下:

邓丽君、吴静娴等一行,组成了凯声歌唱团,已于上月卅一日飞往香港,献唱一个月。

邓丽君赴港,她的妈妈也陪她同行,因为她的年纪小,要给她壮壮胆。

【1970-08-01/ 经济日报 /12 版 /】

随着在媒体和公众面前出现的机会越来越多,邓丽君早已成为大家逢见面必提的娱乐圈名人。

而随着知名度不断增大,她也得到了当时娱乐界的一些资深名人的深度关注,人们说起她来,总带着许多欣赏的神情,"邓小姐虽然年纪很轻,但她青春活泼,歌声轻盈悠扬,我们都很看好她的未来"。

能得到业内资深人士的肯定,邓丽君当然感到万分开心。

在邓丽君之前,港台地区所出产的唱片皆是靠客观的技术加工,听起来效果不是很好。而邓丽君嗓音清甜,再配上那舒缓、温柔的旋律,使她的唱片独具一格。想来平常百姓一生所愿唯将生活过得轻松、欢快一些,然邓丽君的歌声恰好能够符合听众这种心理需求。她的歌曲歌词都不是很复杂、深刻,只是最简单、常见的辞藻,但凑在一起经由邓丽君那甜蜜的嗓音演绎，就格外透着一种诱人的清新滋味。

> 我一见你就笑
> 你那翩翩风采太美妙
> 跟你在一起，永远没烦恼
> ——《我一见你就笑》

眼见歌唱事业取得巨大发展，邓丽君遂又开始朝着电影事业前进。1970年10月，邓丽君与张冲合作，参与演出了人生的第二部电影《歌迷小姐》，担任片中女主角"叮当"，使邓丽君由"娃娃歌后"顺利蜕变成"歌迷小姐"。

走完新加坡和中国香港的行程，邓丽君这只快乐的百灵鸟眼界变得更加开阔，她在心里希望自己的歌声可以传播得更远。

台湾报纸对邓丽君此阶段的歌唱事业进行追踪报道，详情如下：

"娃娃歌星"邓丽君昨日返台

除了歌喉不错之外，邓丽君那张充满了稚气的娃娃脸，可能是惹人喜爱的另一主要原因。因此，在过去3个多月，这位17岁的影歌双栖女星，在香港受到了普遍的欢迎。

义演之后，邓丽君成了大忙人。首先她接受了香港加爱中心、皇都戏院及海天夜总会的邀请，以赶场方式在这三处地方演唱了一个半月。接着香港电视公司与她签了三个月的演唱合同，丽的映声也找她担任电视节目"歌迷小姐"的主持人，此外，这位年轻的女星还替香港百代及美亚两家公司灌了两张唱片。

邓丽君说："这段时间，我感觉自己像机器一样地在不停转动，不过我未引以为苦，相反地，我还感觉这种紧张的生活过得很愉快。"

这位"娃娃歌星"说："国内的流行歌曲，目前在香港受到了听众们的普遍欢迎，我在香港经常唱的几首歌是《晶晶》《高山青》《采红菱》《新桃花江》《我一见你就笑》等，尤其是《晶晶》，目前在香港最为走红，我到任何场所演唱，观众都会点唱这首歌。由于工作关系，我这次与香港的一些老牌歌星，如席静婷、崔萍、潘秀琼、顾媚、甄秀仪、森森等都成了要好的朋友，闲暇的时候，这些人都轮番邀请我去做客。"

不久以前，外界曾传说吴静娴在香港被报纸选为十大歌星之后，邓丽君曾与她有过一段不愉快的经历，这位年轻女歌星昨天加以否认，她说，吴静娴在歌坛上是她的先进，她对吴静娴的当选只会感觉高兴，绝不会因此与吴闹得不愉快，她希望大家不要误信这种传言。

邓丽君目前也是"中视"的基本歌星，《每日一星》的主持人之一，她赴港期间，"中视"经常利用她的照片在荧光幕上作"替身"，昨天，当她一下飞机，就得到了"中视"节目部的通知，要她今天就去"中视"参加《每日一星》《凤凰争辉》《合家欢》等三个节目的录音工作,这位年轻女星笑着说:看情形她回台北也是空闲不了的。

明年一月间,邓丽君将应邀至新加坡歌剧院去演唱两个月,她说,她喜欢有更多的机会到海外去演唱。

【谢钟翔】【1970-11-18/联合报/05版/】

唯美歌声，倾倒东南亚

我总觉得，人会去到一个地方，总是跟那个地方有着不解之缘。比如邓丽君和台湾，她一定是和台湾有地域的缘分，才要降生于此。时光流逝，天真的孩童总要长大，稚嫩的翅膀如今也已丰满，渴望腾空的鸟儿时刻都准备着冲向蓝天。

邓丽君第一次走出台湾是在1969年，这年她已经16岁，出落成一个亭亭玉立的大姑娘了。这年，她接受了新加坡总统夫人游莎芙的邀请，特地赶往东南亚地区巡回义演。

这年，新加坡举办了一场声势浩大的慈善晚会，邀请新加坡、中国香港等地区的当红歌星共襄盛举。12月，邓丽君等当红明星在"中国电视公司"和"中国广播电台"制作侯世宏的带领下，赶往新加坡参加此次演出。台湾报纸对此事件进行了追踪报道，内容如下：

"中视"六星携手演出

"中国电视公司""每日一星"节目的六位主持人,从今(四)日起,将携手在该公司每周日下午一时十五分至二时十五分的新节目《银河星光》中演出。

在今天的节目里,紫薇、刘家昌、邓丽君、左艳蓉、詹小屏等主持人以及张镏琼、上官萍、张琦玉和张建蓉等影歌星都将参加演唱。

【1970-01-04/联合报/05版/】

邓丽君在妈妈的陪同下,来到新加坡:刚下飞机的邓丽君看到眼前的情景,不禁惊讶地睁大了眼睛:竟然,这么远的地方都有中国人。直到此时此刻,小邓丽君才真正意识到世界的概念。这是她第一次进入海外华人世界,同时也是她朝着整个华人音乐圈天后迈进的开端。

来到新加波只稍作停留,晚会便在第二天隆重举行,这场晚会是为新加坡聋人协会等儿童福利机构募捐基金。前来参演的明星除了来自中国港台地区,还有日本女歌星。在与自己有着相同"头衔"和"身份"的明星面前,邓丽君拿出了平等的真诚,在晚会上演唱了《晶晶》《采红菱》《谢谢总经理》等歌曲。虽然此次明星众多,但她出挑的容貌和优质的表演,依旧博得了台下观众的热烈掌声,随着这台晚会的电视直播,邓丽君一时间轰动了整个新加坡,名声大噪。

但,这仅仅是个开始。成功的演出为邓丽君带来了更高的知名度,更使她深刻认识到世界很大,唱歌的道路还有很远的一段路要走。如果说以前她只是被关在台湾的小金雀,那么这一刻,她的羽翼已经丰满,可以朝着更加广阔的天地翱翔。

新加坡的成功参演为邓丽君打开了东南亚的市场。从1971年2月到1972年8月,她开始在马来西亚、菲律宾、泰国和越南等地巡回演出,足迹几乎遍布整个东南亚。

一个生性善良的人,总能很好地运用自己的能力去播种更多的善心,创造更多的善举。也许邓丽君因为自己从小生长在一个家庭条件比较穷苦的环境,所以成名后她总是忙于参演各种义卖、义演活动,用自己的能力去帮助那些需要关怀的贫苦人群。

虽然盛名在身,但她面对公众从不端明星的架子,总是一副温和、亲切的形象。她的歌、她的人都使人们感受到浓浓的爱和关怀,就像一阵春天里最轻柔的风,抚平了每个穷苦人心中的伤痕。

播种总是辛苦的。在她忙着四处培植善心的同时,不知不觉间喜爱和关心她的人越来越多。人们都觉得这位长相甜美的女子是天上下凡的仙女,她来到人间就是为了拯救疾苦、安慰民心。此时此刻,哪怕那些世上最美的花、天上最灿烂的星,都不再能够与之相比。即便是富贵的牡丹、清丽的白莲,都没有这样的清香迷人、温暖人心;即便是智慧的文曲、潇洒的武曲,也缺少她那迷人的风韵和善意的宽仁。邓丽君像什么呢?也许她的歌更适合代表她。她是小城姑娘,她是一朵山茶花。

山茶花你说他的家开满山茶花

每当那春天三月乡野如图画

村里姑娘上山采茶歌声荡漾山坡下

年十七年纪十八偷偷在说悄悄话

羞答答羞答答梦里总是梦见他

一朵花他说你美丽就像一朵花

他希望总有一天把你摘回来

……

——《山茶花》

由于邓丽君在演出之余,总是热心参加各种慈善义演,深深赢得了海外同胞的赞扬和钦佩,人们都亲切地称呼她为"义演皇后"。

女星邓丽君昨自港返台

影歌双栖女星邓丽君,昨(十九)日四时卅分自港返台。

邓丽君是在上月廿七日赴港,参加香港工展会为"救童助学运动"举行的义卖,她并获得了"慈善皇后"头衔。

【1970-01-20/ 联合报 /05 版 /】

这里虽然聚集了很多海外华侨,但繁华毕竟赶不上中国台湾、香港。华人大部分居住在大都市里，邓丽君在东南亚的演出战线也必须不断拉长，因此她只好从一地赶往另一地。于是邓丽君在东南亚的演出形式基本就是秀场，每换一处，每换一场在不同的歌厅进行表演，不知不觉，足迹竟踏遍新加坡、马来西亚、泰国曼谷、印度尼西亚、越南一带。

从1972年年底到1973年下半年，邓丽君第二次来到东南亚地区进行巡回演唱。演出同样取得了巨大的成功，直到下半年她才顺利返回台湾。自1969年以来，邓丽君与华人同在，只要有华人居住和生活的地方，就有邓丽君那飘逸的身影以及婉转的歌喉。她的歌声越来越深入民心，迅速成为风靡东南亚的当红歌星。

从第一次离开台湾，邓丽君此后的美好年华都在辛勤的奔波中度过。舟车劳顿，身边也没有至亲的人，她有时候不免会感觉有些孤单，但内心却充满了欢喜，从小她就渴望能靠自己的努力走到外面去看一看，更希望凭借自己的努力帮助更多像自己这样家境贫寒的可怜人。事实证明她做到了。行走于世间，每个人都应保持一颗善心，只因我们都想这个世界因彼此变得更好，而不是更糟糕。

莲出淤泥，纤尘不染

一朵花的绚丽绽放，离不开淤泥的滋养；一颗流星的灿烂流动，离不开天空的拥抱。此时的邓丽君就像一尾缤纷美丽的鱼，在新加坡、东南亚这片蓝色的海洋中，自由自在地畅游。然而水域不仅只有温暖，更有寒冷。

我不知道，一个人在成名后，是否一定要滋生出很多飞短流长。但世界真的太大了，有喜欢、挺你的人，就必然有厌恶、看不起你的。甚至那些误解你的人，总也喜欢建个圈子，对着那些他认识或不认识的，大肆宣扬你的坏、你的恶劣。

那句可怕的俗语就像魔王撒旦种下的魔咒，时刻紧随。

邓丽君，正当她以一种全新又饱满的姿态绽放在东南亚上空，一些流言蜚语如同疯长的杂草，开始对她展开凶猛的人身攻击。

此前，我已看过太多人"死"在可恶的流言之下，民国丽人阮玲玉在自杀前留下一封遗书，结尾写着四个灼目的大字：人言可畏。鲁迅曾写下《论人言可畏》一文指："她的自杀，和新闻记者有关，也是真的。"

流言蜚语是这个世界最锋利的刀子，虽然不伤毫发，却在一个人的内心生根，折磨一个人的意志和毅力，力图从本质上将你整垮。那些承受不住这种打击的人，最终只有一个自杀的归宿。

在演唱事业发展到如日中天时，关于邓丽君的一些恶毒的谣言不知因何而来，从四面八方汹涌聚集，就像苍天突然落下的一场瓢泼大雨，迅猛有力，狠狠地朝着邓丽君砸了下来。

一种谣言说邓丽君在东南亚巡回演出时，不小心感染上某种疾病，目前已经被秘密转送到台湾某医院；一种谣言将这种疾病夸张化，添油加醋由一种小的疾病变成一种大的顽疾，甚至是一种致命的有着恶俗名字的疾病；更有一种说法是邓丽君已经死亡。

最有意思的是这些论断全都说得有理有据，就像是真的。

关于这些谣言是怎么传出来的，甚至也没有具体的消息，有人说因为邓丽君在与某明星共同登台表演时，那位明星嫉妒她的知名度，下台后就同她翻脸了，故意整了这些小道消息出来以发泄自己的心头之恨；还有人说邓丽君因为拒绝某位娱乐公司经纪人的邀请，所以这位经纪人就联系媒体制造和发布了这些消息。

霎时间，谣言四起，似借助了东风之势，愈演愈烈。散布谣言的人言之凿凿，使得听到谣言的人变得将信将疑。邓丽君的一些亲朋好友固然不信她已经去世了，但却还是不免为她担心。

终于，在台湾的邓丽君的父亲邓枢再也坐不住了，他连忙给远在东南亚的女儿打电话。几秒钟后,电话接通,听筒里传来女儿熟悉的声音,邓枢这才又把一颗心放回到肚子里。

与父亲的反应全然不同,邓丽君作为流言蜚语的直接攻击对象,反而坦然、淡定得多。也许她此刻又是天空里那朵最洁白、纯净的云,任凭世事变幻,不改初心。

起初听到这些谣言,邓丽君也很好奇它们从何而起,但她却没有流露出丝毫的担忧、焦虑。她一向蕙质兰心,如何不知道自己身处鱼龙混杂、风云变幻的娱乐圈,因为关注度高难免受到小人诽谤?也许是因为她成名和出道比较早,早就摸清了娱乐圈的这种陈旧腐败的风气;也许她天生就是一个擅于坚持自我的人,只管做自己心中认为对的事情,不愿过多理会世人的胡搅蛮缠。

总之,不到20岁的邓丽君,虽然依旧是那张稚嫩的脸庞,心里却成熟得像经历了许多风雨的成年人。

面对报道自己已经身死的恶毒谣言,她更是以一种轻快的姿态对待,"做人嘛,早晚有一天都会死的,只是我有幸在活着的时候听到自己的死讯,也算是一件有意思的事情!"

宽心至此,恐是都能与那些出家修行的人相较一二了吧。

然而夜深人静之时,当她回想这些恶俗的毒话,心里岂能没有一丝难过?只是美梦阑珊,佳人年华,不愿辜负岁月的良好恩赐罢了。伤心也有过,愤怒亦然,但她知道这些情绪并不能助自己真正解决问题。

恶毒的话语已经流出，任你挣扎，越在乎越伤怀，邓丽君只能默默地将眼泪和所有的委屈一并忍在心底。她知道，只要自己不倒，那些恶意传播谣言的人就无法取胜。世人都说女子如花，此时此刻，如果再要我用一种花来形容邓丽君，我觉得她犹如一朵白玉兰，玉洁冰清，自有一股坚韧。

性情坚定自能攻破一切流言。后来，有关邓丽君的流言渐渐少了一些，但作为一个公众面前的明星，需时刻注意自己的公众形象，虽然邓丽君不是一个热衷于解释的人，但她需要寻找一个合适的契机向那些真正关心自己的人发出声音，以此证明自己的确没有遭遇过如此种种不堪，这不仅关系到自己的声誉，更可以慰藉亲朋好友以及忠实歌迷、影迷的心。

终于，她得到了这个机会。

台北《联合报》副刊开辟了一个《各说各话》的专栏，邀请邓丽君执笔写一些自己的心里话。站在风口浪尖的邓丽君，决定借这个大好机会做出反应。

她写了一篇名为《我复活了》的文章交于报刊的编辑，第二天，这篇文章就与万千歌迷、影迷见面。

这篇文章总体不是很长，但字字珠玑，邓丽君不但摆明了自己的观点，"对于这些莫须有的谣言，我不听，更不会去传播。因为我觉得这是一件无聊的事"。

简洁有力地发表声明，轻易地粉碎了那些狂妄但却虚弱的恶意诅咒。

第三章
Chapter . 03

北国之春：
名满扶桑人归来

她荣获的奖项越来越多,她的名声越来越大。有更多的人知道她、喜欢她,愿用真情拥戴她。在风云变幻、纸醉金迷的娱乐圈里,她没有变,依旧是那个温婉的邻家姑娘。多少鲜花、掌声,多少喝彩、追捧,她永远只做心底那个最真实的邓丽君,她要走自己的路,作忠于内心的选择。站在表演的舞台,她一直都是那个面带笑意、充满真诚的小镇姑娘。

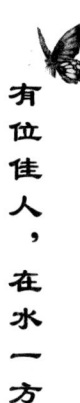

有位佳人，在水一方

一个充满魅力的人不会总停留在一个地方，既然是美的、妙的，她就要走遍世界各地，让更多的人去分享、享受她的美。人们或是透过她的美更懂得、热爱这个世界，或是透过她的歌声体会到生存的美好。

夙愿很多，但大都难偿。而邓丽君歌甜人美，像是生活中必不可少的一种慰藉。

已经红遍中国台湾、香港乃至东南亚地区的邓丽君，需要开拓一片更加广阔的天地，接受全新的挑战。

日本是亚洲最大的流行音乐市场，每年都有数不胜数的华人歌手前来投奔发展，但结果却是不尽人意，数年来，只有欧阳菲菲、陈美龄、翁玉倩在日本享有一定的知名度。

1972年，欧阳菲菲第一次成功登上"红白歌合战"，这个节目在日本的收视率始终高达百分之六十以上，是一个相当于中国"春节联欢晚会"的国民节目。因此，几乎所有的日本明星都期待自己能够有一天在这个节目中亮相。

虽然拥有登台资格，但欧阳菲菲在日本的发展却充满了艰辛，总是大起大落，辉煌灿烂似是一瞬间，无人问津又像是一刹那，忽然置身于火热，忽而又被封藏于冰窖，反反复复被掌声包围又突然落寞。

时隔不久，陈美龄登上节目。她的表演似乎很讨日本人的巧，大概是因为她长了一颗可爱的小虎牙，让她的面貌柔和了不少，这有些类似于山口百惠的风格。

当时由日本投资的宝丽多公司对亚洲地区的流行音乐始终保持着高度的敏感，公司的董事希望将亚洲歌星推上日本舞台，这是鉴于欧阳菲菲等众多女星在日本成功走红的事实，因此想再寻求一位容貌清丽、歌喉清甜的女歌星作为培养对象。

1973年，宝丽多公司派员工到香港的大小歌厅、夜总会寻找可塑之才。两位星探花费几个月时间，行遍整个香港，最后终于在东方歌剧院发现了邓丽君，这正是他们一直苦苦寻觅的未来新星。于是，他们立即与公司驻派在香港的负责人取得联系，相约一起去拜访这个女孩。

后来，宝丽多公司的制作部主任舟木稔，亲自说服邓丽君及其家人跟她进行签约。就这样，邓丽君得到了去日本发展事业的机会。

作为第三个到日本进行发展的华人明星，邓丽君的处境十分不利。欧阳菲菲走的是演歌路线，陈美龄则是偶像路线，而当时日本演艺界也只这两个歌唱路线，而此二人又分别都在歌坛占有了一定地位，歌坛没有再多的发展空间留给邓丽君，无论她走哪条路线，日本听众也只不过默认她是另外一个欧阳菲菲或是陈美龄了。

我们每个人行走人生时，都会遇到转角，即使道路曲折，但只要坚定信念走下去，终能收获光明。人们生活在这个世界，有谁真正能够一帆风顺呢？一切问题的答案，都还要靠自己历经万千辛苦，才能获得。

初到日本，邓丽君在宝丽多音乐公司的面试十分不顺。那一天，在公司的录音大楼里，邓丽君演唱了一首《无论今宵或明宵》，这首歌的旋律她自是十分熟悉的了，但此时此刻，或许因为面前多了许多专业审视的头脑和眼睛，一向飘逸洒脱、从容不迫的邓丽君发挥得并不是很好。而更加糟糕的事情还在后面。在录制唱片的时候困难重重，她和制作人的合作磕磕碰碰，几首老歌竟然耗费了3个多小时才完成。

待到播放，邓丽君一颗心依旧紧张地提在嗓子眼儿。随着曲子旋律缓缓地从先进的录音设备中流淌出，邓丽君的声音终于响起来，然而这不是平日里那滋润大地的绵绵细雨，却有些像一根钢针划破了长空的寂静。

听到这样的声音，宝丽多公司的老板们各个面面相觑，一分钟后人们交头接耳，互相唉声叹气，他们都因惊讶而睁大了双眼，"这就是他们花重金聘请来的优秀华人歌手吗？只有这样粗鄙的水准如何能在日本市场站稳脚跟？"

空气凝固，在一旁的邓丽君紧张得不知如何是好。她或许太需要宝丽多这样一个在日本极具知名度的唱片公司来成全自己。

也许，这个世界上，每个角落，一匹千里马在没有遇到真正欣赏它的伯乐之前，只能沉默。邓丽君无疑是一匹素质良好的千里马，幸运的是，她此时更遇到了看好她的伯乐。试问，这世上有多少怀才不遇的人，学富五车、风度翩翩，原本可以大有作为，却正是因为缺少伯乐，最终导致英雄无用武之地。

正当很多人为邓丽君感到汗颜和发愁时，一旁的渡边娱乐公司却看到了邓丽君身上的亮点。虽然这家公司不隶属宝丽多，但两者相互之间保持着一定联系。为了充分挖掘邓丽君以及偿还宝丽多公司的一份人情，渡边公司的总经理将邓丽君接到了自己的公司，并安排人员专门负责教她日语，对她进行系统的音乐训练。

这对邓丽君来说，莫不是一个天大的惊喜。她就像一个迷路的孩子，找到了回家的路。像她这样性情善良、懂得知恩图报的人，一定会将渡边公司的恩情谨记于心。来到公司以后，邓丽君积极配合公司的各种章程和安排，每天都积极努力，梦想着自己能够早一天为公司作出贡献，早一点放飞心中的梦想。

学日语是她每天务必完成的重要任务。因为在中国台湾时，她翻唱了许多日语歌，所以在学习日语的过程中，为她提供了不少便利。但日语与国语毕竟是两种完全不同的语言，她只能从最基础的音标和发音学起。

一只毛毛虫如何破茧成蝶？每个能够自由呼吸的时光，都是大好年华，春意盎然。它在自己的房间里努力扭动身体，即便与茧的纠缠让它无比痛苦。然而，凡付出全力必然刻骨铭心，凡刻骨铭心必期待一个好结果。

面对困难，邓丽君知道自己唯有努力、努力，不断努力。

于是，当别人吃饭时，她在苦练日语发音；当别人早早上床睡觉，她在灯下默读日语。那些有些像小蝌蚪的音符，或许还曾屡屡出现于佳人的梦里。她就是那么想要熟悉它、掌握它，直到运用自如。

勤奋换来了好消息。不出一年时间，邓丽君便说得了一口流利的日语。曾有一位著名的音乐评论家说，邓丽君具有极强的语言天赋。最开始时，她不会说粤语，但听多了，第二天便能像模像样地和广东人聊上几句。只要她肯下功夫，不出一月，保准学成半个广东人。

幸如他言，邓丽君爱好学习。

在此后五光十色、光鲜亮丽的舞台演绎生涯里，邓丽君始终都没有停下学习。舞台上的世界如此辽阔，掌声热闹，一个明星的生活如星光般璀璨闪耀，但她却宁愿独守一份寂寞，沉醉在淡淡的书香中，度过一个个春夏秋冬。这就是邓丽君，被掌声托起，却从不会为盛名失却本真。她在那个喧嚣的世界里，始终得以保持自己的一片清净。

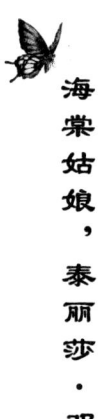

海棠姑娘,泰丽莎·邓

名字对于我们每个人来说,都具有一种特殊的意义。在每个人不同的人生阶段,名字对我们的意义总是重大:上学时,它是考卷上的美丽标记;恋爱了,它是爱人心中一种深刻的铭记;获得荣誉,它是一颗天空中最光亮、梦幻的星辰;甚至当我们离开尘世,它是证明我们来过这个世界的最佳记忆。

一个好名字,犹如一首美丽的诗歌;一个清秀的面容;一个令人怀念的节日;一个梦幻,一个神话,一种亲切,一种动听。

红尘里的人,都希望自己能拥有一个完美的名字。当你爱的人呼唤你,总是呼唤着你的名字,你就是你的名字,你的名字就是你。

我们都渴望,拥有红尘里最沉醉的梦。

泰丽莎·邓是邓丽君进入渡边公司后,为自己取的艺名。她从小就信奉基督教,早已在内心深处根种下了对宁静的信仰。在阅读《圣经》时,她很喜欢基督第十教徒玛加·泰丽莎修女,故而取此名。

为了尽快融入日本市场，获取日本听众喜欢，邓丽君总是严格要求自己，但要一下子适应与中国港台地区风格迥异的日本音乐并不是一件轻松、简单的事。那时候的日本正是青春偶像歌手的全盛时期，整个歌坛笼罩着一种矫揉造作的浮夸氛围。很多来日本发展的外国歌手，为了迎合市场的需求，尽管深知偶像路线或许并不适合自己，但也都纷纷穿起迷你裙，在发间别上大朵蝴蝶结，以此哗众取宠。

邓丽君对此不敢苟同，她骨骼清透非俗流，更深知自己不适合此种风格，因此，她在演出的时候，依旧保持着"港台风"，不修边幅，不作修饰，力求清新脱俗。

在演唱方面她依然保持认真、严谨的心态，用心唱歌。站在镁光灯下的她，眼里只有听歌的人，心里只有想唱的歌。她的世界，从来都不肯为名利和浮华所停留。

很快，随着邓丽君在各大夜总会的频频亮相，日本音乐界刮来了一阵清新的风。她的形象像在中国台湾和香港地区一样，让日本听众耳目一新。

清新、自然，给浮躁的娱乐圈里带来了丝丝清凉，有谁能够不喜欢这样的邓丽君呢？

然而，邓丽君此时已签约宝丽多公司，她的一切演出事宜都必须按照公司的规定严格执行。不幸的是，制作人为她定制的路线正是偶像歌手。

此后，邓丽君的时间安排异常紧张。经历了一段时间的准备，邓丽君正式推出在日本的第一张原声大碟《无论今宵或明宵》。

公司成功地将邓丽君打造成了另一个陈美龄，日本音乐市场再没有多余的空间来容纳、接受一个相同风格的歌手，况且超短裙、大蝴蝶结这种泛滥又粗鄙的形象根本不适合邓丽君本人。

于是，意料之中的，第一张专辑并没有在日本听众群引起轰动反响，邓丽君也没能成功上位。

每个人都渴望成功。一个人渴望什么，她就必然为它受累、纠结，甚至于痛苦。邓丽君渴望成功，那是她来日本发展的最终目标。她要将自己的名字一笔一画刻印在日本听众心中。成功是那佛前的春光，花开半夏；成功是那夏夜的星辰，眸明如雪。

失败不能令她退缩，只会迫她更加努力。

1974 年，邓丽君在日本推出第二张专辑《空港》，成功翻身。唱片一经面世，就立即打入唱片排行榜第 41 位，并在一个月的时间内迅速升至第 15 名，总销量更是高达 75 万张，一举创下宝丽多公司成立以来最畅销歌手纪录。

从此，泰丽莎·邓成为一个公众的名字。

回顾《空港》的成功，邓丽君总结这是因为充分发挥了她本人的个人特色，不再走日本当下流行风，而使用了她个人最擅长的演唱风格。

纵观《空港》歌词，耳边如今淡淡地放着一首邓丽君的《北国之春》，她那有些清淡但却夹了些许甜蜜的嗓音，将这首词演绎的恰到好处，宛若晴天丽日，微风阵阵，白鹭当空，悦耳鸟鸣。她以一个忧愁哀怨的曲调唱出了一个失恋少女的心声：

风儿阵阵吹来

风儿多么可爱

我时常想起清风

诉说情怀

时光不停地流

一去不回来

你曾经告诉我

光阴不再来

如今我已了解

你对我那样关怀

我要珍惜你的爱

不会忘怀

树上美丽的花

开得那么可爱

花儿谢花儿开

谁能明白

> 时光不停地流
>
> 一去不回来
>
> ……
>
> ——《情人的关怀》[1]

一对有情人,难得离别苦。邓丽君优美的声线准确而精进地描写出了一对有情人面对离别,内心深处的挣扎。

让那些日本听众感到不可思议的是:演唱这首优美歌曲的,竟是一个来到日本发展仅一年的华人歌手。

她恰到好处地演绎了这首情歌,给日本听众留下了深刻的印象。有了《空港》的成功经验,邓丽君此后的歌唱方向基本都是走这种路线,一坚持就是 20 年。人们对她所诠释的情歌风格很是喜欢,以至于在她去世后,曾有许多人想起她时这样说,还有谁一唱情歌,就是20 年。

是的,在对情歌的把握和演绎下,整个音乐界都没有人能比过邓丽君。爱情太小,初恋是一件微不足道的小事,但越是微小的东西,越难以把握,火候不到的,无法触及人心,太过了,又难免使人感觉矫情。

---

[1] 又名:《空港》。

邓丽君却拿捏的相当成熟，所以才会给人们留下难以磨灭的印象。

随着更多的日本听众开始对邓丽君展开疯狂地崇拜和追捧，邓丽君的演艺生涯在日本登上了另一个高峰。

这年10月，邓丽君应邀参加"第七回新宿音乐祭"，在比赛中邓丽君最终以585票成绩获得评委一致青睐，摘得本届"银奖"大奖。

好事接踵而来。

11月，邓丽君荣获"全日第十六回唱片大赏"的新人奖，当年她仅有21岁。

《空港》一曲的成功，为邓丽君赢来了许多殊荣，为她成功打开了日本唱片市场。从这以后，邓丽君的歌唱事业更加蒸蒸日上，辛勤努力终于换来光明。

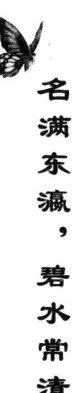

名满东瀛，碧水常清

演艺是一条充满荆棘的路。从和公司签约的那天起，艺人的发型和穿衣风格等都不能由自己决定，娱乐公司会来包装艺人，艺人要做的只能是服从。

这么多年，我一直觉得世上除了军人这个职业必须要百分百服从，第二个就要数到明星。因为他们的形象直接关系到公司的声誉，他们的一举一动都暴露在媒体和闪光灯前，而观众和狗仔队的存在，更是时刻提醒他们要万分小心。

最初，公司为邓丽君一手制定了以陈美龄为模仿对象，走偶像派路线，要求她必须穿短裙，在发间扎大蝴蝶结，留一头长长的秀发。

邓丽君深知自己没有别的选择，虽然有诸多意见，却也只好按照公司的规定装扮。但时间久了，邓丽君实在不喜欢束缚自己，每天当她从镜子里看到一个熟悉却又显得陌生的自己——她不喜欢那头长头发，总觉得像是戴了一个假发套，虽则脸蛋还是自己的，但加了头发就显得很别扭。于是干脆趁经纪人不注意,拿起剪刀将长发剪了个干净。

公司发现了这件事。

剪掉头发的邓丽君第一次公开上节目,公司的同事意外地发现观众对她的这种打扮竟还比较认可。因为她长相清丽,留了短发的邓丽君反而显得更加清秀。于是,公司也只好默认这种形象。

邓丽君向来在这种所谓的"小事"上不拘小节,她很有自己的主意。

1976年,她又去参加一档电视台节目,穿了一件腿部开着高叉的中国式旗袍,没想到引来观众的一阵喝彩,一时间好评如潮。节目播出以后,很多歌迷来信向邓丽君索取她穿着旗袍的照片,更有人对邓丽君穿着旗袍露出大腿的做法表示由衷称赞,夸她的腿部曲线很完美。

为此,邓丽君感觉受宠若惊。她在接受记者采访的时候,还曾半开玩笑地说,"日本人称赞我的腿部曲线优美,那就是我的脸蛋长得差强人意,所以公司只好想出了这一招让我吸引大家的注意啦!"

这年夏天,邓丽君推出她进入日本市场后的第七首新歌《夜幕下的渡船》,为了积极帮助邓丽君推销这首歌,公司专门按照中国人的方式,为她打造了一个特殊的"祭拜"仪式。

这一天,公司的女员工全部穿上中国旗袍,甚至连男员工都不能幸免,也都换上了中国式长袍。人们在"供桌"上点燃了红蜡烛,将整个环境打造成一副"新婚拜堂"的阵仗,最好笑的是蜡烛上分明写着"百年好合"的字样。

虽然宣传的方式有些不伦不类,但效果却出奇的好,这一年,《夜幕下的渡船》在当月排在全日本唱片总销售第九名。

至此,邓丽君稳固了自己在日本唱片界的显赫地位,成为在日本最具知名度的华人歌手之一。

在众多的日本歌迷中,邓丽君有几个永远坐在头排的听众,不管邓丽君在哪里演出,几时演出,这些看上去大概30出头的青年人总是衷心追随于她。

邓丽君对此曾感慨地说,"对一个歌手来说,能拥有这样衷心的歌迷,无疑是她最大的殊荣。她与这些听众惺惺相惜,并很珍惜彼此之间的享受和相知。能够被这样真诚地拥戴着,是一件幸福的事,作为回报,她唯有站在台上认真唱歌,来回报歌迷对她的爱和尊重。"

是啊,想一想,这世界能有人真心喜欢你,愿意衷心聆听你,这是一件多温暖、贴心的事。

我们总渴望自己变得优秀,再优秀一点,只有这样,才能赢得更多人喜欢,愿意主动接近我们,成为彼此的朋友。

我想,大概人都是渴望能够获得别人的尊重的吧。

日本的歌迷很喜欢送礼物。于是,邓丽君几乎每个时间段都能收到礼物。有时候是一大束百合,有时候是卡通玩偶。

邓丽君深知,礼物不分贵贱,总是歌迷的一片心意,所以她总也舍不得丢。但到处演出，东西越堆越多，最后干脆分批寄往家乡台湾，送给哥哥的小孩做玩具。

在日本奋斗多年，邓丽君始终保持着一贯作风：她很少购买日货，以自己是位华人歌手而感到骄傲。

有人分析说，邓丽君之所以会在日本取得成功，得益于她的娃娃脸和一口纯正的日语发音。但邓丽君从来不为自己所拥有的这两样沾沾自喜。作为一个红透了日本的大明星，她依旧深居简出，不作刻意装扮。每逢重要的演唱会，必定要委托家乡那边为自己定制一款高档中国式旗袍，以便在演唱会上穿。

不管台下来自异国他乡的听众掌声如何热切，邓丽君时刻不忘自己是一位地地道道的华人歌手。

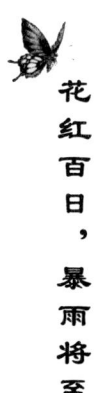

花红百日,暴雨将至

这世上,从生到死,有人始终停驻一个地方;有人却选择推开门,到外面的世界闯荡。苍茫天地,混沌如梦,是谁在最深的红尘里,投下了最深刻的想念?那前路渺茫,我热切追寻的好梦又会在哪里出现?

然而作为人,我们需要一个梦,它使我们倍感生命之温存,也鞭策我们活得更有意义。而意义是什么?红花就是绿叶的意义,大树就是落叶的意义,而红遍日本就是邓丽君来到日本的意义。她在日本寻梦许多年,终于打开一片天地。

如果你长久地离开一个地方,天高地远,岁月蹉跎。是否会想念那个地方的风土人情?是否会问自己那个地方对自己可有留恋?

我会问。因为我曾将生命中最宝贵的年华赋予那片土地,我曾在那里追逐梦想,我曾在那里经历成长。

从1974~1978年,邓丽君忙于在日本发展自己的演唱事业,很少与中国港台地区、东南亚地区的歌迷进行互动演出。但这么久的分别后,这些地区的歌迷并没有忘记他们的偶像,还在通过一些电台节目关注身在岛国的偶像。

当年,邓丽君从台湾转到香港发展,演唱方式也相继发生了一些改变,开始投入电影歌曲的录制与发行。当时的港台地区,电影行业飞速发展,其中以琼瑶剧为主的风情戏最为风靡,邓丽君当时所在的唱片公司就以电影主题曲为主要线索,为邓丽君量身打造了二十多张专辑。在众多的电影歌曲中,最以《千言万语》打动人心:

不知道为了什么

忧愁它围绕着我

我每天都在祈祷

快赶走爱的寂寞

那天起,你对我说

永远地爱着我

千言和万语

随浮云掠过

不知道为了什么

忧愁它围绕着我

> 我每天都在祈祷
>
> 快赶走爱的寂寞
>
> ……
>
> ——《千言万语》

古月运用一些简单的词汇,轻而易举地将一份欲说还休的感情清晰地描绘出来。琼瑶剧温柔细腻,邓丽君的歌声柔情似水,两者相互交融,简直就是天衣无缝。完美的搭配和演绎,使这首歌成为邓丽君众多作品中的金字招牌,直到多年后,当人们听到这熟悉的旋律,依旧会身不由己地沉醉其中,从而回忆起邓丽君的温婉多情。

琼瑶式的爱情剧,成全了邓丽君在电影行业的歌唱事业,也或者,邓丽君精妙绝伦的演唱功底,使琼瑶剧俘获了更多观众的心。也许,绝配就是这么来的吧。任世间别物种种,却再也没有一样东西比他们彼此更需要、更相互契合。

成功加入宝丽多公司后,邓丽君推出了一系列优秀作品。1975年,她推出《岛国之情歌》的第一集《再见!我的爱人》,其中有她的成名曲《空港》。

随后的9~10月,邓丽君再次回到马来西亚等东南亚地区展开巡回演出,10月底在香港参与录制了《邓丽君电视特辑》。

1976年,邓丽君首次在香港的利舞台登台演出,3月即在当地举办个人演唱会。歌迷热情前往,激情高昂。由于第一次演出获得的巨大成功，此后一连几年，邓丽君又在这里举办多场个人演唱会，同样获得了歌迷们的热烈反响。

此时，邓丽君在日本接受了3年的正规训练，对音乐有了更加深刻的领悟，她开始将一种比较现代化的表演方式带到华人世界。当时，中国流行音乐虽然已经取得一定的发展，但在演出形式上相对日本等地区还比较落后，中国港台地区的演出一般都只注重歌手本人的特色，而日本等地区的演出除此以外，更注重整个舞台的效果。在舞台表演上，舞裙大多只起点缀作用，而乐队则是更简单的伴奏。邓丽君从这两个方面进行强化，使整个演出的舞台效果达到一个先进水平。

在香港开演唱会时，每场演唱会的门票总是在第一时间就一售而空，舞厅门口更是挤满了等着买退票的人。

在演唱会现场，邓丽君从始至终都很亲切可人，她会趁着旋律间奏的空档与台下歌迷亲切握手，甚至送去几句问候。

"只要你们不觉辛苦，我唱一夜都没有关系。"她深情地望着台下说。

面对偶像如此伟大的敬业精神，听众也很"痴情"。但凡音乐响起，邓丽君朱唇轻启，人们总沉醉其中；若歌声停住，轰天的掌声从四处响起，震耳欲聋，欢呼声如热浪一般，一波未平一波又起，人们挥舞着手臂热情高涨，所有的声音汇合成那个动听的名字"邓丽君，邓丽君"，喊叫声与掌声彼此交错，经久不息。唱歌的人忘记了疲惫，听歌的人陷入了疯狂。

可以说，香港是邓丽君的一块福地，这座城市东西融汇，到处充满了现代气息，使邓丽君沉醉，她怀有深切的感情为这座自己钟爱的城市高歌，所发行的唱片也获得了当地人们的大力支持。

继邓丽君成功开拓出日本唱片市场后，她开始忙于奔波东南亚、中国香港与日本三个主要市场，由此个人演唱会安排得紧锣密鼓，虽然辛苦，但邓丽君乐此不疲。

1978 年，邓丽君又以两张大碟荣获香港第三届"金唱片"奖。其中，《爱情更美丽》《一封情书》都是"白金唱片"。

在赢得掌声、获得荣誉的时候，善良的邓丽君不忘积极开展各种慈善活动，更将 1978 年自己某场演唱会的所得慷慨捐出，作为慈善基金。

几年中，邓丽君步履匆匆，从中国台湾到中国香港，中国香港到东南亚再到日本，都能看到她忙碌的身影。她每一次都是来去匆匆，每一次都沐浴在花海之中，在丰富的行程中摘下了无数桂冠。20 世纪 70 年代，整个亚洲因为邓丽君，披上了一层绚烂耀眼的缤纷。

而她像个忠诚的追梦人，在前进的道路不知疲倦地奔跑着，前程似锦，然而天命无情，再美的红花也有凋零，她不知道，前方也会有风雨，并且那场大风暴竟会来得如此迅疾。

第四章 Chapter·04
漫步人生路：平川亦有坎坷途

漫漫人生路，没有人能逃脱暴风雨的袭击。三月柳絮因风起，人生总有凄凉处。即便是明星，本质上也还是一个普通人。天地万物，众生平等，明星卸去头顶的光环，就只是一个任由命运捉弄的平凡人。在琐碎的生活面前，明星一样有痛苦、有悔恨，一样需要人安慰。

护照非假，人心亦真

一朵花、一只蜜蜂，都不可能永远只拥有一种安宁的姿态。安宁即美。但不遇风暴，便没有展示另一种风采的契机。高尔基曾化身海燕，要在苍茫的大海上，迎接更加猛烈的风暴。不错，世界极安静，可突显其美：万物沉默如谜；曹雪芹笔下的林黛玉，静若处子。这都是一种神秘的美。但没有动荡，没有风暴，这种美是谦弱的，缺少外在的震撼。

我们每个人生活在这世界，都决然不会只有安静一种姿态。张国荣唱"沉默是金"，嘱咐世人要洒脱地做人，但他也曾轰轰烈烈地向世人宣布自己的爱情；梅艳芳站在演唱会上总是冷傲表面，但她内心始终充满热情。

因为冷和静，世界充满神秘；又因为热和闹，世界彰显活力。

而人生路不可能一帆风顺，因为谁都不曾是上天的孩子，都不会得到上天最无私的庇佑。有时候，当人们遭遇不测，束手无策时，便习惯安慰自己说，一切都是宿命。

　　宿命到底是什么样的呢？有些人一出生就享有荣华富贵，有些人则命运多舛，这是宿命吗？有些人通过自己的努力，实现了心中的梦想，变成名人，有些人努力付出，却都换不来事业的垂青，这是宿命吗？有些人稍作努力就赢得幸福家庭，有些人愿为爱情倾注一切却得不到一个真心人，这是宿命吗？

　　或许宿命只有上天才知道，佛说，因果报应，人生不过一场轮回的戏码。但佛又在哪里？谁才是万物真正的主宰呢？

　　我们总要遭遇坎坷，即使此前一马平川。

　　风乍起，吹皱一池春水。

　　在邓丽君将近30年的歌唱生涯里，总的来说一切都还算一帆风顺，没有遭遇什么大的波折。从14岁在歌唱方面崭露头角，她即被广大的听众所认可、所接受，随后多次拿下各种歌唱比赛的大奖，在当时蜚声世界的日本著名宝丽多娱乐公司的培养下，走出中国港台地区，到东南亚、日本等地进行巡回演出，事业线可谓蒸蒸日上，一发不可收拾。然而，正当她的演唱事业正要冲上巅峰之际，一场"假护照风波"从天而降，使她整个人立即从云端跌入谷底，给她的心灵带来难以磨灭的沉重打击。

　　1979年2月18日注定是邓丽君一生中最沉重的梦魇。这天，整个日本角角落落凡是能购买到报纸的地方，都能看到这样一条触目惊心的消息：泰丽莎·邓因为违反日本的《出入国管理令》，被东京出入国管理事务所拘留，并要求配合事务所人员进行整个事件的背景调查。

而刊登《东京新闻》日报上的一则新闻，则更细致地叙述了整个事件的原委，文章的题目叫作《歌星邓丽君因为一张伪印度尼西亚护照锒铛入狱》，其主要内容如下：

据可靠消息说，昨晚4点50分，日本移民局警员佐藤木等多人，闯进位于原宿的亚历山大大厦18层，将一度风靡东京的台湾歌手邓丽君用警车押往东京移民局。据警方说，邓丽君女士被拘传的罪名系她随身携带的印度尼西亚护照是伪造的。邓丽君当晚只在移民局作短暂停留，约晚6点被送到移民局的拘留所过夜……

《日本经济新闻》上也以《邓丽君假护照案发，移民局将其收审》为题进行了跟踪报道：

在日本几乎家喻户晓的华人歌手邓丽君女士，此次应邀宝丽多公司由香港飞至东京，拟出席该公司专门为其举办的演唱会。自1974年来日发展以后，邓丽君女士一直拥有比较良好的群众口碑，其所发行的《空港》唱片更深受全国听众热捧。此次的假护照风波，邓丽君女士缘何一念之差，做出这样有损明星形象的错举，实乃令歌舞界痛心之事。

事情的经过是这样的：

2月13日下午4点10分，邓丽君结束自己在东南亚的演唱活动，由中国香港搭乘"中华航空公司"班机飞往台北松山国际机场。原本，她打算直接飞往日本，但因为没有机票，只好先飞往台北，然后从那里转机。待她刚到达台北机场，便请求"中华航空公司"予以接洽，说自己想要搭乘飞机赶往日本。但不巧的是，她要搭乘的航班都已经人满为患，因她没有提前订票，所以无法临时安排机位。听到这个消息，邓丽君非常着急，她的日本公司早已安排好了日程，她必须在规定的时间内赶去进行专辑录制。

做事一向有主见的邓丽君还是第一次遇到这样的困境，因事情棘手，一向冷静的她竟也有些不知所措。

这时，她突然灵机一动，从包包里掏出一张印度尼西亚护照到入境室询问海关查验人员。然而几分钟后，她还是得到一个委婉的拒绝：因护照上虽有日本的签证但邓丽君却是出生在中国台湾的华人歌星，最关键的是护照的持有者并不是邓丽君本人。在海关查验人员的追问下，邓丽君只好道出实情，原来这是她在印度尼西亚演出时，一位朋友送自己的。

可见为了赶上歌曲录制，邓丽君连这样极端的方法都想到了。

最后，实在没有办法了，邓丽君只好转乘飞机去到中国香港，打算从那里转机飞往日本。

但第二天，日本东京各大新闻媒体就报道了邓丽君持假护照入境的事件，当时邓丽君从中国香港转机飞到日本，一下飞机，即出示印度尼西亚护照给海关人员验证，由于验证人员不认识邓丽君，所以当时她被放行。

2月15日，日本出入国管理局东京事务所便接到印度尼西亚驻日大使馆的通知，电话称邓丽君所持用的护照是伪造的。16日晚上，他们来到邓丽君所入住的大饭店，等待调查邓丽君。

在接受日本官员审查时，邓丽君对自己确实使用假护照入境的事情供认不讳。听了她的话，出入国管理事务所要求她第二天一早即到该事务所报到。次日，经过初步审讯，邓丽君被留置于收容所内。

日本官员只单方面认定邓丽君这是在为自己的错误行为进行狡辩，担心她的背后存在一个专门制造假护照的犯罪集团分子，所以将她直接扣留下来。

2月17日，邓丽君即在几名官员的押解下，被带到了东京港区港南丁目的入境管理局所设置的女子收容所。

事情来的太突然了，邓丽君没有一点心理准备。她的亲友在得知此事后，也纷纷不知所措。然而更恐怖的事情还在后面，一个当红歌星突遭如此重大变故，娱乐圈的媒体当然不会放过借此炒作的大好机会，于是，他们站在一个旁观者的角度，对整件事添油加醋，对邓丽君狂轰滥炸，最终导致她心力交瘁。

俗语有云："人非圣贤，孰能无过？"也许，这种话可以使我们在犯错的时候宽慰自己，也提醒自己原谅那些曾对不起自己的人，只因芸芸众生，不分你我，我们都是最平凡、最普通的人，没有孙悟空的七十二般变化，没有哪吒的三头六臂，生活在滚滚红尘，面对诸多诱惑，难免迷失方向，难免犯错。

但娱乐圈，是一个特殊地带。这里可以放大你的荣耀，使一个明星光辉耀眼，璀璨如天上星辰；也可以放大你的污点，令明星瞬间坠入深渊。那些媒体记者们，个个深谙制造和炮制丑闻，对不太好闻的气味时刻保持高度警惕。

假护照风波一出，邓丽君瞬间就被各大新闻媒体推上风口浪尖：不仅日本当地各个媒体如狂风般对此事进行严厉抨击，东南亚、中国港台等地区也相继对这件事如法炮制，制造了大范围负面新闻，其中不乏"伪造"和"不法"等严重字眼儿。

新加坡的一家报刊上甚至这样写道：

邓丽君小姐近年来因情场不顺导致精神不振，如今又再遭遇假护照风波，估计此时她已是雪上加霜，今后她能否以崭新的姿态重新出现在东南亚歌坛不得而知。从邓丽君小姐身上我们完全可以看出，凡人间之事莫不是盛极而衰！但愿邓丽君小姐能够忍辱自省，重新塑造自我。

消息传入台湾，台湾当局即对邓丽君2月13日曾在台湾机场出示假护照一事展开追踪调查，最终根据法律规定对她进行法律追究。

风波就这样来了。噩梦一样的梦魇，团团咬住邓丽君，"众人皆醉我独醒"，到真出了事情，邓丽君才恍然大悟：世上除了自己的父母，竟没有一个人愿意相信、证明她的清白。一句背后有伪造假护照集团分子，誓要归类为品格不纯。

那些被扣押在收容所的日子，邓丽君的心没有一天能平静下来。坐着，躺着，她的脑袋里无时无刻不在充斥着那些"莫须有"的指责。内心纵然煎熬于此，她哭过，心碎过，然而还是决定重新站起来。

她不能就这样被媒体轻易打倒。

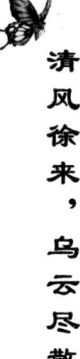

清风徐来，乌云尽散

"风雨彩虹，铿锵玫瑰。"

没有风雨的洗礼，哪有夺目的彩虹？

人生路上遭遇困境，只是时间不同，只是主角不同。但其实每个人的道路都充满了崎岖坎坷。漫步人生路，不会因这些曲折而徒增伤悲，却会因风雨而无阻。勇往直前，永远是最好的选择。

到最后，我们就知道，世间没有佛，人只能靠自己普渡慈航。

假护照事件爆发后，日本方面要将邓丽君驱逐出境。邓丽君此时真是进退维谷，被迫离境却又无家可归。

台湾的媒体、演艺界艺人纷纷大肆公开批评邓丽君，作为演艺界知名明星，此举也严重损害了整个行业的名誉。

但除了这些激烈的指责，也有一些令人倍感欣慰的声音。

一些华侨认为，邓丽君在出事后，为了不连累朋友，宁肯说护照是买来的，可见她是一个待友真诚的人；还有一些华侨认为，当时事态特殊,一些明星采取这样的方式出境也情有可原,毕竟海关查询太过苛责。

而邓丽君的母亲从女儿出事以后,就一直在多方面奔走,寻找可靠的有实力的人帮女儿重获自由,她的唱片公司也忙于积极寻找律师,为邓丽君做有效辩护,争取早一点将她保释出来。

在邓丽君被拘留时,公司的一位音乐编审曾两次去收容所,探望邓丽君。

他这样回忆说:"第一次是在2月18日,我见到泰丽莎·邓,她隔着窗户望着我,两只眼红肿,像是刚刚哭过。我们面对面坐着,却长时间都不说话。她的面容十分憔悴,放在桌子上的双手不停地颤抖着。第二天一早,我又赶去探望她,然而令我意想不到的情况发生了,才不过一个晚上,泰丽莎·邓的情绪似乎稳定了许多,还跟我说了一些话。甚至给我露出一个熟悉的笑容,连连说自己已经可以平复糟糕的心情,她相信事情很快就能澄清,而她很快就能重获自由。我则笑着回应她,公司会努力,请她务必放心。"

几天以后,邓丽君所等待的真相,终于浮出水面。

日本出入国管理局东京事务所在经过系统地调查后,公布如下结果:邓丽君所持有的护照确实是千真万确的印度尼西亚护照,并且她背后也不存在什么制造假护照的集团。

沉冤得雪,邓丽君当天即被释放。临行前,邓丽君还为同被拘留的女囚们，声情并茂地演唱了《千言万语》。女囚们直听得潸然泪下，邓丽君亦是久久不能平静。虽然只有短短几天，但邓丽君平易近人、温婉大气的形象给那里的人们留下了深刻的印象，那些姑娘都把邓丽君当成姐妹来对待。

邓丽君若是个普通人，这样的事情也许不会闹得这么大。但她偏偏不是个普通的姑娘，她红遍中国港台地区、日本、东南亚，有多少人羡慕又有多少人嫉妒有谁能说得清楚。恶意的中伤，媒体的炒作都给邓丽君带来了很大的伤害，好在她终于肃清自己，好在她一如既往的明媚温暖，正恰如一朵玫瑰，风雨彩虹，铿锵绽放。

关于这次假护照事件，邓丽君的弟弟邓长禧曾这样回忆说，"姐姐当时心思单纯，她拿印度尼西亚的护照入境，完全只是因为当时海关办理签证的手续过于繁杂，等待时间太长，而她热衷自己的演艺事业，丝毫不肯在时间上有所耽搁，所以才找了一位印度尼西亚的朋友，在他的帮助下，得到了这本护照。去日本那次是她第一次使用这本护照，但就出了问题。她太单纯了，根本没想到里面会涉及这么严重的问题。"

事情圆满结束后，邓丽君也曾这样告诉记者，"我只当是自己年轻不懂事，给自己一个教训。"

至于这次假护照风波因何而起？人们众说纷纭，有人认为是 2 月 13 日邓丽君在台湾机场当面出示印度尼西亚护照的事件被一个报社记者得知，他为了提升自己的知名度，才以此为题炮制了一系列邓丽君护照风波；有人认为是一个政客，因为多年追求邓丽君未果，以此进行恶毒报复。

但既然事情已经得到证实，原因便也不再重要。

只是经过这件事，邓丽君深感人情冷暖，娱乐界的暗潮汹涌。她原本不知道，一个明星除了认真唱歌，还要学会机智处理这些鸡零狗碎的"负面新闻"，而她明明只想做个认真唱歌的人。

尽管真相大白，但日本方面还是决定将邓丽君"驱逐出境"，并下令遣送一年之内不准她再入境。

这一天，萧风瑟瑟。邓丽君着一身素装，心情沉重地离开了收容所。

当天（24日）下午5时，在公司的一致协商下，邓丽君等人乘坐班机前往美国洛杉矶。日本歌迷得知偶像遭遇，纷纷自发前来机场送行。人山人海，泪别场景。人群中，很多歌迷蜂拥而至，追随邓丽君，一边追赶一边大声疾呼，"泰丽莎·邓，泰丽莎·邓！"

邓丽君泪眼朦胧，她没有想到自己在歌迷心中竟有这样重要的地位，而她面对这般盛情，只能遗憾地道歉，"实在抱歉"，"我对不起你们"，在一浪高过一浪的送别声中，最终还是登上了飞往洛杉矶的飞机。

邓丽君在日本奋斗历时五载，至此为止也画下了一个休止符。

飞机起飞了。邓丽君穿梭在云霄里。透过一旁的窗子向外看去，雾霭迷蒙，正如她此刻的心情：这五年来，有艰辛，有付出，有收获，有心酸,如果不是这场假护照风波,她无缘体会这世间的人情冷暖。五年的时光,她长大了,人和她的演唱技巧都在逐渐成熟,每次登台,总能收获许多鲜花掌声,这件事更让她知道,即使做了大明星,人生路也还会充满艰辛。可是一条怎样的路才算不辜负自己的人生?想着想着,邓丽君作了一个重要的决定:暂时离开娱乐圈,到美国后继续深造学习。

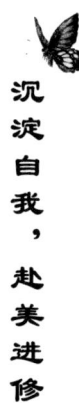

沉淀自我,赴美进修

一个人,一生总要流浪许多地方,才能知道自己心中最中意哪座城;一个人,去到一个地方,从陌生到熟悉,从熟悉到离开,被眼前的城市迷惑,受城市文化的熏陶、影响,渐渐与这座城相渗透、磨合,最后竟有了这座城一样的脾性。

一个人,离开这座城。带着这座城给她的坚强、韧性,远走高飞,去别的地方闯荡。摆在她面前的,是一片全新的天地,等待她塑造和追寻的,是一片未开垦的土壤。

一座陌生的城,心怀总是宽大的,不管何时,它无条件地接纳任何一人。不管你来自何方,来这里做什么;你或者忧伤,或者欣喜。对它或是讨厌,或是欢喜。这座城都欢迎你,拥抱你。

一个流浪的人,行走他乡,总要把他乡当作故乡。因为真实的生活就在这里,双脚就踩踏在这里,整个人就站在这里。

有了第二故乡,她哪里便都不用再去。至少那不愿接纳自己的第一故乡,已经再无法伤害如今已遍体鳞伤的自己。

在这里,太阳照常升起,岁月轻放,有梦如初,一切都刚刚好。

香港人在形容自己遇到知己时都喜欢这样说,"姣婆遇上姿粉客"。表示自己与知己相逢恨晚的珍贵情感,只是不知道,因护照风波远离日本的邓丽君,能否在美国这片全新的市场,遇到自己的姿粉客?

邓丽君来到美国,此时已是心灰意懒。奉献毕生心血努力闯荡歌坛,最后却因为一个"假护照"事件弄得疲惫不堪,她的心情怎能不沉重?

人情冷暖实属正常现象,何以冷至冰霜?除了父母和弟弟,还有谁真正关心她的心情。

罢了吧,人生需要一段清净。

于是,她在旧金山找了一个比较僻静的地段,在这里开始补修英文和艺术。

如果没有选择唱歌这条路,她应该和许多正常接受义务教育的孩童一般,继续读书。老人们常说,一个普通人的生活,反而比较顺利。该上学就要上学,该谈恋爱就要找个男朋友,该结婚就要承担对家庭的责任。

可是她没有,她出色的演唱能力注定要走一条不同寻常的路。但她也是很喜欢读书的,此时此刻,那小时候没能完成的心愿竟在这一天找到了她。

也许每个人,如果你没有在合适的时间完成一件合理的事,这遗憾,早晚有一天会找到你。

因为人生本来就不是完美的,所以我们每个人才有这样那样许多缺憾。

在旧金山的生活算是一次逃避世俗喧嚣的归隐,虽没有陶渊明"采菊东篱下,悠然见南山"的闲适,却也是一段安稳、清净的好岁月。

在这一点上,邓丽君与张爱玲皆是一般。

张爱玲在告别故乡后,从此寄情美国,并在那里度过她人生中最后一段时光。想当年也是深入简出,不问世事。

也许这就是那种"任凭窗外风云变幻,我自乐得怡然"的心境。许多外面的事情,当你真正放下了,会突然发现,名利虚如浮云,唯有舒心至上。

作为名人,一些事情他们自己不能把控、掌握,时刻都站在一个时代的风口浪尖,这是在所难免,但如果自己也用外界那种咄咄逼人的目光来看自己,人生路未免行走得太过苛刻。既然知道了外面没有多少人真的在意自己,头顶的这抹光环也只是一个醒目的标签,就更应该放下心中那些虚妄,好好疼爱自己。

一切都如张德芬所言,"亲爱的,外面没有别人,只有你自己"。

邓丽君一天的生活是这样安排的:起床后,先听听唱片,就着那些婉转美妙的音乐，清清嗓子练练歌；下午逛逛街，欣赏下各处风光，有时会和朋友一起约会，聊聊家常；到晚上7时就去学校上课，11时准时下课回家。

这阵子她主要的活动就是读书、上课和练歌。生活十分简单。每天的打扮如出一辙，穿一身干净的白衬衣，一条蓬松的牛仔裤，看上去清爽可人。

在加州进修的学生大部分都是外国人，很少有人知道她，所以她完全可以像个普通人那样过轻松自在的生活。但这种生活只维持了很短的时间，一些歌迷在得知她的去向后，竟不远万里从故乡追到了这里。

他们依然热情，依然真心拥戴着邓丽君。

每天，加州大学校门口，都有一群人提着大花篮，一脸认真地等待偶像到来。

与歌迷一起找上门来的，还有各种媒体记者。

虽然她们并不真正关心邓丽君来美之后的生活状况，但却需要这样的材料吸引更多的读者群。

清净的生活一下子被打破了，像一个美丽的花瓶受到晃动，跌落在地面，发出一声不和谐的破碎声。

为了躲避这些讨厌的记者，邓丽君先后几次更换家中电话。但媒体似乎都长了天眼，新电话没几天又烦躁地响个不停。

也许是为了帮助自己更好地转移注意力，邓丽君在读书这件事上倾注了更多心血。她表示自己很喜欢读书，觉得在书中可以学到不少知识，她认为读书是人们认知这个世界的一种有效方式，还打算选修电影编导，在这期间，要是有好个姻缘，或许很有可能考虑成家。

这是她为自己规划的美好未来。

但人生就如张国荣所唱：

> 人生路，美梦似路长
> 路里风霜风霜扑面干
> 人生是，美梦与热望
> 梦里依稀依稀有泪光
> 何从何去去觅我心中方向
> ……
>
> ——《倩女幽魂》

何去何从我寻觅心中方向，邓丽君也在寻觅自己心中的方向，对于她来说，人生精彩太多，年纪轻轻就捧获无数荣耀；人生挫折太多，一个假护照，满城风雨，使她星途黯淡。人生路上充满了未知，尽管有那么多歌迷喜欢她、支持她，尽管她的父母和弟弟都是真心要她好，但她的心事又有谁明了?

> 你问过我的心事有多少
> 我没有说过谁也不明了
> 春天的枝头花儿朵朵含笑
> 秋天的树上落叶随风飘
> 数一数花儿叶儿就知道
> 你不必问我心事有多少
> 纵然我告诉你也不明了
> 为什么悠悠春风迟迟吹来
> 为什么阵阵秋雨打树梢
> 美丽的花儿也会有烦恼
> 我想把心事告诉你知道
> ……
>
> ——《心事知多少》

就像这首歌里唱的,"我想把心事告诉你知道,因为你对我关心对我好",可满腔热烈的诉说最终也只变成了一句"少女的情怀问你知多少"。

她想躲避那些世间的纷纷扰扰,让自己心归平静,捕捉一片光明，但那恼人的秋风总来打扰她的清幽好梦，好事的记者总来干扰她平静的生活，纵然一心想要"安好若晴天"，又哪能轻易实现？

只好像李清照一样，任由这忧愁，"才下眉头，却上心头"。任由这三千烦恼丝，"斩不断，理还乱"。

但受人尊敬的邓丽君永不会被真正懂得欣赏她的人遗忘，在这滚滚愁情的背后，尚有一丝温暖的光。

"太阳尚远，但必有太阳。"

1979年8月，"马来西亚邓丽君歌友会"正式成立。成立当日，来自新加坡、马来西亚和泰国的两百多名歌迷自发组队，在某歌迷的家中欢聚一堂，共同遥祝他们喜欢的邓丽君平安、健康。此后，他们定期举办活动，期间各人互相交换邓丽君的唱片、签名照，以此来表达自己对邓丽君坚贞不移的喜爱和热烈支持。

邓丽君得知此事，感到万分欣慰。她不由得激动落泪。远在美国，但内心却因为这些歌迷的种种厚爱充满了阳光和温暖。

阳光，在任何时候都是那么的弥足珍贵，特别是经历风雨后，邓丽君更感慨这些阳光的可爱之处。

不仅如此，香港地区也没有将她遗忘。

这一年，邓丽君在"香港第四届唱片颁奖礼"上，同时有三张大碟获奖。其中《小城故事》《甜蜜蜜》都是白金唱片。

《小城故事》是同名电影的主题曲，电影以小城镇发生的温馨故事为主题，深刻描绘了当时小镇中人们的悲欢离合，邓丽君将个人情思合理地融入其中，完美地演绎了一个动人的歌曲，演绎了一个小城姑娘的温婉、多情。唱片一出，立即引起听众热烈追捧，这种清新自然的演唱曲风广受好评，在歌唱界掀起一股小清新风潮。

《甜蜜蜜》同样由庄奴填词，取材于印度尼西亚民谣，这首歌主要表达了一个平凡少女渴望获得真爱的情怀，舒缓的节奏，恰如其分地安慰了每一个渴望爱的少女之心，不光是未曾接触真爱的少女，每个渴望或是已陷入热恋的年轻人，也都热爱它。

> 甜蜜蜜，你笑得甜蜜蜜
> 好像花儿开在春风里
> 开在春风里
> 在哪里在哪里见过你
> 你的笑容这样熟悉
> 我一时想不起
> 啊，在梦里
> 梦里梦里见过你
> 甜蜜笑得多甜蜜
> 是你，是你，梦见的就是你

> 在哪里在哪里见过你
>
> 你的笑容这样熟悉
>
> 我一时想不起
>
> 啊，在梦里
>
> ……
>
> 	——《甜蜜蜜》

20 年后，导演陈可辛拍摄了同名电影，由著名影星黎明、张曼玉分别担任男、女主角，演绎了一段在时代背景下长达 10 年的爱情故事。一对有情人从相遇、相知到相爱，最后再到无奈分离，各自悲伤，各自疗伤，各自继续人生，他们也曾试图寻找彼此，但都无情错过，时光飞逝，10 年之后，在同一座城市的同一条街道，两人终因邓丽君的这首《甜蜜蜜》，幸福相聚。

那一刻，他们在彼此专注的眼神中，寻到了今生的真爱。

多年以后，邓丽君早已魂归他乡，可有关《甜蜜蜜》的幸福童话仍在继续，多少有情人因为这首温情的歌曲，突破世俗种种牵绊，终成眷属。

当我们再回头重温陈可辛的电影，会发现它的魅力依旧不减当年：那指引着一对有情人寻觅真爱的《甜蜜蜜》，在黎小军（黎明在剧中所扮演的人物）晃悠悠的单车上，显得那样动听。在数年后他们再次相遇的街头，更是令人动容。

人生原来就是这样：多年后，兜兜转转，我们也才发现生命中最不可或缺的，正是那些年所执意放弃的那个决定。

这些似曾相识的情感，在邓丽君的歌声中都有完美的演绎，她唱起歌来，既不风尘媚俗，也不矫揉造作，每首歌都真实地展现了女性所特有的哀怨与美丽，甜甜的味道中透着那么一点淡淡的哀愁，真是不胜娇羞。

正是如此，那些真正喜爱着邓丽君的人，自始至终都发自内心。他们追随且始终追随，在邓丽君身裹光环时，为她喝彩加油；更在她遭遇命运捉弄，身陷囹圄时，给予铜墙铁壁般坚固的支撑。而邓丽君也正是从这些坚定的目光里，看到了自己这么多年来，上台表演的最终意义。名和利，太轻易，来也匆匆，去也匆匆。

这场风暴过去了，但多年以后再回首，邓丽君由衷地从心底感谢它。

我们每个人都在苦难中成长，在苦难中懂得，人生漫漫，何其长远，唯有真情，长存天与地！

第五章
Chapter · 05

星途坦荡：
何人不识君

到美国闯荡，也许不是所有人的执着，但她来了。开垦一片全新的天地，为歌唱的梦想倾注更多心血。当你努力时，天地之气都要互相凝聚，为你所用。你若问我这世间什么人最美，什么事最动人？我恐怕要这样告诉你，认真的人最美，认真去做的事情，最动人。此时奔波，此时辛劳，此时舟车劳顿，一切都为了日后的展翅高飞，待到山花灿漫时，她在丛中轻声笑；待到名扬四海时，又有何人不识君！

否极泰来，美国新生

美国，另一种文化氛围，另一种颜色，另一种神采。大西洋的风一年四季都清新。在彼岸，邓丽君开始了人生的另一段旅程。

有人说，一个人倘若在美国可以获得成功，那他在世界任何的地方都会成功。

哲学说，这个世界上没有绝对完美的事物，也不存在绝对恶劣的影响。这句话用来形容"假护照事件"真是太合适不过。

虽然在这件丑闻的影响下，邓丽君在日本的歌唱事业陷入谷底，但却从侧面将她朝国际发展的计划向前推进了一步。

早在1978年，邓丽君所在的娱乐公司就制定了一系列将她推向国际的计划，只不过后来因爆发"假护照事件"，这个计划只好暂时搁浅。

如今，邓丽君已经来到美国深造发展，宝丽多公司便又将此计划提上公司议程。

在美国生活一向低调的邓丽君，并没有过上她心心念念期待的普通人的生活。何况在她内心深处,从来都没有真正放下那个歌唱的梦想。她怀念站在镁光灯下的炫丽绽放,她渴望生命继续得以用那种方式延续。

正是这样,来到美国不久后,邓丽君一共举行了两次巡回演出,第一次是在加利福尼亚,因为准备不够充分失败了。这个结果令荣誉无数的邓丽君感到有些失望,但她很快就振作起来。1980年夏天,公司针对美国音乐市场作了一番细致调查,并为邓丽君量身打造了一场符合其个性的演唱会,看到公司各位同事为演唱会所付出的努力,邓丽君暗下决心一定好好努力。果然,与第一次演出效果大相径庭,这次获得了空前成功。

邓丽君美国巡回演唱会一共安排了三站:第一站纽约,第二、第三站则分别是旧金山和洛杉矶。

公司和邓丽君本人都对此次演唱会给予高度重视:从舞台灯光到音响,公司全部投资使用当时行业内最高水准的器材,而负责为邓丽君演唱伴奏的则更是一支来自日本的专业乐队。

演唱会的时间是在7月,而门票却早在6月份就全部售空。据说当天林肯中心的订票电话响个不停,多伦多、波士顿、新西兰……要求订票的听众来自四面八方:一个女老板,为了能赶上邓丽君演唱会,开着私家车再转机飞到纽约;还有一个年迈的老人,头发全都花白了,双手拄着拐杖,他一见到售票员就激动地说,"我能留在这个世上的时间不多了,人生最后的一个心愿就是能亲眼看到邓丽君小姐的演出"。

7月19日,邓丽君演唱会彩排。对于邓丽君来说,演唱没有彩排,她习惯把每一次登台都当作最重要的表演,享受其中,乐在其中。

镁光灯下,那身着一身彩色礼服的人,甜美地笑着,整个林肯大厅都飞扬着轻柔的音乐旋律和她的邓式声线。

台下的工作人员醉了。在一旁负责报幕的主持人也醉了。世界是晕眩的,就像每个人都陷入了一个沉沉的美梦。

更让他们感到无比惊讶的是,期间,邓丽君竟然能够熟练地使用英语、日语、粤语等多种语言同在一旁进行演奏的乐队进行交流。她就像一只身披霞光的五彩蝴蝶,在大厅上空缓缓地飞翔,飞翔,将那种难以用语言描述的美,沉淀在每个人眼里,再渗透入心。

次日,林肯大厅光芒万丈。这一个万众瞩目、神圣光辉的时刻终于来到了。

镁光灯渐次打开。舞台亮起,音乐响起。邓丽君跟随节拍缓缓走下升降台。她一袭粉红色纱裙,脸上依旧洋溢着如春风般醉人的微笑。

这是属于她的时刻,整个美国都在欣赏她。

她朱唇轻启,唱了一首《爱在我心中》:

你听那云雀唱出春的梦

你听那流水带来春风柔

> 有份爱深埋在我心中
>
> 愿你能接受我
>
> 你看那鸳鸯戏水情深重
>
> 你看那晚霞片片意重朦
>
> 有份爱深埋在我心中
>
> 但愿你勿忘我
>
> ……
>
> ——《爱在我心中》

我常想,在邓丽君的演唱生涯中,为什么她总那么喜欢唱情歌呢?但也许这样问自己时,心中分明已经有了一个贴切的答案:她成长在一个不太富裕的家庭,从小就懂得帮助母亲照顾家庭。成名后,还经常参加各大慈善活动,用辛苦演出的钱来帮助更多的穷人,这不就是大爱吗?

如果西方世界里真的存在天使,那么,邓丽君就是上帝派来的天使。所以才会有这样纯净的心灵和笑容,才会在人间洒满爱和关怀。

没错,她就是带着一份大爱来到这个人间的。

此时此刻,那站在舞台上晃动的身影,摇曳生姿,温柔多情;而那缓缓飘出的声音,似是情人间亲密的呢喃,又像朋友间真切的关怀。转瞬间,舞台上红黄交错,灯光明灭闪烁,更显佳人的俏丽身形。

她那轻柔的身段、温柔的声线，瞬间就征服了台下坐着的每一个人。人们早已无心留意时间，一切都在这美好的一刻消融了。消融，消融，融进那久久未被感动的心窝！

一首歌完毕，台下立刻爆发出一阵热烈的掌声，人们欢呼着，一遍遍呼唤邓丽君的名字。她纷纷以笑回应。

一个人离开家乡，不远万里来到异国寻找梦想。这本身就需要莫大的勇气。寻梦即是流浪。想到流浪总能想到三毛，她写过一首拥有十足"小资"风情的诗，后来变成一首脍炙人口的歌谣：

> 不要问我从哪里来
>
> 我的故乡在远方
>
> 为什么流浪流浪
>
> 远方流浪
>
> 为了天空飞翔的小鸟
>
> 为了山间清流的小溪
>
> 为了宽阔的草原流浪远方流浪
>
> 还有还有为了梦中的橄榄树橄榄树
>
> 我的故乡在远方
>
> ……
>
> ——《橄榄树》

为什么流浪，"为了天空飞翔的小鸟，为了山间清流的小溪，为了宽阔的草原"，绿树鲜花，白云远涧，小溪在林间流淌，江山是这样多娇。然而，真实的流浪，果真如此美好吗？

自从"假护照事件"爆发，邓丽君被日本政府遣出国内，又遭台湾当局和娱乐界嫌弃，更被剥夺一年内返回故乡的权利，天下之大，一个对故乡有着深厚感情的人却连故乡都回不去，这对她来说，是何等的耻辱和伤痛？

然而此时此刻，在并非故乡的国土，在自己梦寐以求的演唱会上，当这些她不曾认识的人，用心与她合唱，那心与心之间的一道墙像是被打开，在歌声里，人们互相交换感情，眼神真诚，内心感动，在这一刻，她仿佛站在故乡的土地上了呀！

灯光照耀下，闪烁着霓虹的空气中，到处洋溢着的，正是她日思夜想的故乡的味道！

一件事情，一个人全力以赴，那叫自娱自乐；一件事情，全民跟着热烈互动，那叫奔赴疯狂。一个人可以做很多事情，但只点燃一个人的激情；一群人同样可以做很多事情，流淌在彼此心中的那一份热情，叫作感动。因为有互动，才有情感的交流，因为有了情感的交流，整个世界都鲜活过来了。

"她就那样深情地唱着，就像从来都没有离开那个地方。"

在邓丽君短暂的一生中，她的足迹曾遍布东南亚、日本、美国等世界多个地方，但不管走到哪里，那份对故乡中国台湾的眷念，从来未被放下。

时光流逝，演唱会还在缓缓进行。

紧接着，邓丽君依次演唱了《小城故事》《甜蜜蜜》等多首知名作品，随着一首首不同的旋律绽放，台下的听众始终跟随着邓丽君的演唱节奏，时而挥舞手臂，时而热烈鼓掌，时而欢呼她的名字，配合得天衣无缝。

整个演唱会气氛高涨，邓丽君最后演唱了一首《再见，我的爱人》，"我的爱人再见，相见不知是哪一天"，可是听众不愿说再见，就在她转身将要离场时，台下集体高呼，"再来一首，再来一首！"

盛情难却，邓丽君笑着说，"好吧，我再为大家献唱一首。"

几分钟后，她出色地完成了演唱，再次准备离场，台下又是"再来一首，再来一首"，欢呼声一浪高过一浪，邓丽君只好再次从命。

一直到不知道第几次返场，听众的呼声才渐渐小了下去。

第二天，纽约各大著名报刊就对演唱会进行了详细报道：很快，美国市民就都知道了一个来自中国台湾的著名歌手——邓丽君。

此后，邓丽君在旧金山的演出更是频繁。她笑靥如花，顾盼生姿，在远离故土的大洋彼岸，她终于可以尽情书写自己的传奇。

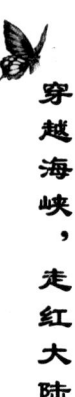

穿越海峡，走红大陆

有一种美，即便是不施粉黛也让人愉悦；有一种优雅，即便是一语不发也让人舒心。在世人的眼光里，邓丽君就是这样的女子。再多的辛苦、再多的困难，只会让她越来越耀眼。

在美国演唱会的成功，使邓丽君开始迅速风靡中国大陆。就连日后风靡国际的歌唱巨星王菲都说，自己小时候很迷恋邓丽君，经常模仿她的唱腔。

邓丽君的歌，春风十里，吹遍神州大地，温暖每个国人的心。

台湾当局没有料到一个受致命事件打击的歌星，非但没有因此沉沦，反而崛起，似比以往更加辉煌，受人爱戴。

在国际上造成的轰动，更使邓丽君成为中国港台两地炙手可热的邀演艺人。每个电视台都以邀请邓丽君出席、参加节目而倍感荣幸，同行业之间更是默默地展开了一场场无声的"抢人"争夺战。

1980年，邓丽君返回台北巡回演出，此后一直往返奔波于中国港台、东南亚等地区。这期间，她仍旧坚持参加各种义演，做了不少善举。

离开家乡转眼已有一段时间，首次回来心情自当澎湃，邓丽君在自己的日记里这样写道：

走在拥挤的人群里，属于台北的那股特有气息迎面而来，回头看着也提着行李的妈妈，一脸愉悦，看来似乎年轻了些。冬暖下的台北，正张开双手欢迎我。随身的几箱衣服真是麻烦透了，这几年在国外演唱，什么苦都吃了，但是出入境得带着大批行李仍是令人头疼的老问题。箱子里有一袋日本五角苹果，那是爸爸最喜欢的。妈妈陪我经年累月在外头演唱，留他一个人在家，每次想到他，妈妈和我都牵肠挂肚的。好不容易找到假期，回台北看看家人，替电视台录节目，三天后我又得收拾行囊，到马来西亚登台。要保持知名度，人非得付出相当代价，即使是付出青春。

看着这段话，哪里有一个明星外在的半点光鲜？分明是一个在外漂泊的孩子，欣喜自己找到了家的温暖；分明是一个努力奋斗的人，提醒自己时刻要懂得珍惜。

世间万物，自有来去，正因为他们出现在我们的生命中都是短暂的，所以才要学会珍惜。珍惜一朵花，珍惜一滴雨露，珍惜一阵风，珍惜一段感情。

两个人的珍惜，是交换彼此的信仰，走入彼此的内心；两朵花的珍惜，是共享一段时光，共分一段成长；两颗雨滴的珍惜，是互相凝结彼此，是一起滋润开在盛夏的花。

邓丽君珍惜故乡赐予的这种熟悉感，一下飞机，台北的乡情扑面而来，她的心融化了，被温情照顾、包围。

回到'台视'老摄影棚感慨很深，想到十年前我怀着战战兢兢的心情在这里唱歌，'台视'像我的老家，当时脑中只希望台湾的观众能接受我，但长大了之后野心更大，想学更多、更好的歌唱表演，想要离开温暖的窝尝尝外头风雨的滋味，想要征服更多掌声。在日本的四年我确实长大了……我深知要做一位令人回味的歌手，不能只具有一张美丽的脸。回'台视'，从上到下对我的热情，让我想到群星会时代的小女孩。'华视'曾给我极好的条件，但在和'台视'合约未满之前，我是绝对不会变动的，我深信影剧圈里应该是有道义的。

地点是旧的，器材也还是旧的，只有人，却是崭新的。这是她的重生，如凤凰涅槃，带着更加璀璨的光辉，回归故土。

1981年，台湾当局负责人积极调查"假护照风波"，最终成功为邓丽君平反。

得知结果的那一刻，那块压在邓丽君心头的大石头，终于放下了。

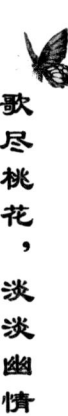

歌尽桃花，淡淡幽情

柔情若注定以一种方式流传，就请用年华记录。闲情时，可赏天边云淡云舒；行走时，可观路途花开花落。最美的，还要数一个女孩儿楚楚动人的笑，一举手，一投足，都是淡淡幽情。

我们来到这个世界，在经历成长以后，每个人都形成自己独特的记录人生的方式：有些人成为作家，写尽沧桑；有些人成了美术家，画尽美景；不管你选择什么，人生都得以用一种最舒展的方式书写、记录，若干年后，青春不再，肉体腐朽，但那柔情，那乡间吹过的风，梁上呢喃的燕，都还活在生动的过去。美景不再了，但心底仍有满满感动，当你老了，再也没有力气行走，就找一个阳光慵懒的下午，把自己放在老式的旧躺椅上，轻轻地闭上眼睛，任思绪飘到那熟知的过去。

回忆，竟是这样美好。

而邓丽君，选择做一个歌者，也许是上天选择她，做了一个歌者。

她用优美的声线诠释自己的人生，将温暖、美好带给身边每个人、每个喜欢她的听众。在歌者的世界里，音乐就是全部，爱就是音乐的灵魂。

她早已习惯用歌声去记录、去表达，每个心醉的午后，每个动情的瞬间，在一切感官的调动中，情感就这样来了，迈着轻轻浅浅的步伐，美好在每个人的心中升腾，待出发。

1983年，在公司的帮助下，邓丽君正式推出全新古典专辑《淡淡幽情》，这张唱片是邓丽君一个大胆的尝试：她不仅亲自参与了制作、策划，这张专辑本身也具有与以往歌曲十分不同的独特之处——主要收录了由唐、宋、元等历代词坛大家的婉约词作。单是看到这张专辑的一些歌名，就能让那些沉迷文学和历史的人吃惊。

为了把这张专辑做得更好，邓丽君投入了巨大的热情，演出之余只要一有时间，她就翻看这些古诗词原作，一遍遍默读原文，并且加入自己的理解。

穿梭在这些优美的古典词作中，邓丽君俨然化身为古代美人，集天地灵动于一声，优美的声线将词中渗透的忧伤、愁思完美演绎，让人过耳不忘，因此在这张专辑问世后，听众送名"梦幻专辑"。

在《独上西楼》中，她是那个为情所困，痛到无言的女子。捧着满腹的心事，愁容满面，一心要把心事斩断，却发现别有一番滋味。

无言独上西楼，月如钩

寂寞梧桐深院锁清秋

剪不断，理还乱，是离愁

别有一番滋味在心头

——《独上西楼》

在《但愿人长久》中，她是那个寄情天地的伤怀诗人，皓月当空、美人千里、孤高旷远，她偏偏遗世独立，对酒当歌，情到浓处，看到了月亮的阴晴圆缺，也看到了人间的悲欢离合。

明月几时有，把酒问青天

不知天上宫阙，今夕是何年

我欲乘风归去，又恐琼楼玉宇，高处不胜寒

起舞弄清影，何似在人间

转朱阁，低绮户，照无眠

不应有恨，何事长向别时圆

人有悲欢离合，月有阴晴圆缺

此事古难全，但愿人长久，千里共婵娟

——《但愿人长久》

在《虞美人》中，她又变成个多情的南唐后主。春光秋月，亭台楼阁，任由月光梳洗自己那一江恰似春水的哀怨！

> 春花秋月何时了，往事知多少
> 小楼昨夜又东风，故国不堪回首月明中
> 雕栏玉砌应犹在，只是朱颜改
> 问君能有几多愁？恰似一江春水向东流
> ——《虞美人》

专辑后面另外几首歌曲，秉承了以上词作的风雅，"天南地北双飞客，老翅几回寒暑""酒入愁肠，化作相思泪""窗外月华霜重，听彻梅花弄"，这张《淡淡幽情》充满了时间的沧桑之感，将中国人所特有的缠绵缱绻、离愁别恨收录其中，通过邓丽君那别致的婉转悠悠的歌声中，给人们留下了难以磨灭的印象。

邓丽君说，她很早以前就想和那些名垂千古的古人合作一次了，古风古情，遥远的愁思从自己的歌声中飘来，从自己的灵魂深处飘来，让感觉很好。另外一个方面，她说自己这样做是想要多弘扬一些祖国的传统文化，在她心里，中国有五千年文明，博大精深自不必说，其间更有佳作多得数不清，作为一个歌手，应当尽自己的绵薄之力，让更多人听到、感受到传统文化的魅力。

这是邓丽君一直以来的心愿、梦想，就在1983年，她实现了。

马来西亚大学中文系教授林水壕曾这样评价邓丽君，"她为发扬中华文化作出了巨大的贡献，《淡淡幽情》专辑收录的都是容易传唱的唐诗宋词,为背诵诗词的人提供了很大帮助"。

精心的制作,动情的演绎,使这张唱片瞬间风靡全世界。直到今天,宝丽多公司仍然在升级、出版,喜爱邓丽君的人们依旧可以在市面上购买到它。

伴随作品而来的,是一路的荣誉,鲜花着锦、烈火烹油。

1983年2月,邓丽君应邀前往美国拉斯维加斯凯撒皇宫举办个人演唱会,她是第一个站在凯撒皇宫演出的华人。当天,随着《风霜伴我行》的前奏开场,邓丽君不知疲倦地演绎了《再见我的爱人》《甜蜜蜜》等多首歌曲。此次演出盛况空前,获得巨大成功,人们争先恐后地赶到演出场地,想要一睹邓丽君的风采。

皇宫内的座位原本只有1100个,但最后竟增加到1500个,大厅内人头攒动,属于每个人的空间十分有限,但即便如此,仍然有人愿意花高价从黄牛手中购买站票。

带着万分激动的心情,邓丽君饱含深情地为大家演唱了《何日君再来》,表示感谢。

从这以后,邓丽君的头衔又多了一个"国际巨星",前途宽广、春风得意,邓丽君带着满满的收获,行走在自己的人生路途。

1983年12月29日,邓丽君在香港红磡体育馆举办个人演唱会,这场演唱会名为"15周年纪念演唱会",是她为了纪念自己出道15周年专门举办的。当时,这场演唱会一举创下香港歌坛的四大纪录:首次在红磡体育馆连演六场；场场满座；观演人数达10万人；取得了当年最高的票房。

这场巡回演唱会历经中国香港站、新加坡站、马来西亚站直到中国台湾站，声势浩大。而其中中国台湾站的演出参观人数盛况空前，演出效果极其震撼，是邓丽君演艺事业的又一个巅峰，被媒体称为"十亿个掌声演唱会"——全球华人歌手，也只有邓丽君一人，当得起这样的盛赞。

从1975～1983年，邓丽君在香港的唱片销量高达500多万，这在当时的华语歌坛还是第一次。

盛名累累，更添荣誉。邓丽君不再只属于一方水土，而是国际巨星。名声大了，可她风采依然，演出结束，回到家里，当面对自己，她依旧是那个怀抱梦想，一心想要过简单生活的普通女人。

第六章
Chapter · 06

我只在乎你：
任凭世间许多情

"千金易得，真爱难求。"人生在世，盛名在握，若能得一知心人，从此"执子之手，与子偕老"，纵使红尘短暂，也当有所寄托。如邓丽君这样天生丽质、温柔多情的女子，似乎天生理应拥有如梦人生。事实上，在如鲜花一样绽放的绚烂时月，她确实遇到了几位有情人。但最终却落得"过尽千帆皆不是"的凄凉结局。"和有情人做快乐事，不问是劫是缘。"但愿，在爱的时段里，她能感到快乐、幸福。

昙花一现：初恋即为永别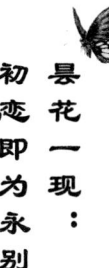

"当我们谈论爱情时，我们能谈论些什么？"

是相遇吗？只有遇到，才会摩擦出爱的火花，在彼此注视的眼神中，将灵魂交互、渗透，认定对方就是那个上天安排的人。

滚滚红尘，自我们降生的那一刻，人间充满了浪漫、动人的爱情故事，充满了传奇的相遇，有些离经叛道，有些简直是神话，有些犹如白雪公主与王子般的美好。

我们每个人行走在路上，每一天都有相遇，每一刻都有分离。大部分时间交给一个擦肩而过的陌生人，从那里我们不会得到任何人生。

可是，有些人，不一样。

当他来到你身旁，你的心底似乎就流动了一阵轻快的风，或是欢唱一首愉快的歌谣。当他面带笑容走入你的视线，你心即盈满，万事则空。从那一刻起，生命仿佛注入了一股清泉，焕发出勃勃的生机。数年之前，你从不知道，这世上是有这样一人，能够成为你心上一道美妙的风景。这感觉太美好，似真似幻，真真假假，然而却又让人沉迷、留恋，深深地陶醉其中。

像是贾宝玉第一次遇到林黛玉吗？还记得他带着认真的表情说，"这个妹妹，我像是以前见过。"而日后，眼前之人正是他今生命定，朝思暮想的佳人。

上天做证，在没有这样一个人之前，你的心还只是简单地跳动，维持生理需要，可是待他出现，山盟海誓，天长地久，那些你所未知的情节，一下子全部涌入生命，忽而像火，忽而似冰，有煎熬、有思念、有悸动，更有惊喜。你的心，不再只属于你，就像一只长了翅膀的小鸟，不可控制地飞向心心念念的那个人。

这样的迷恋，你甘愿沉醉。这样的遇见，你感激苍生。只是你很想知道，自己是不是别人的风景。

每个人生活在世上，都是一条鲜活的生命，充满生机，理应获得最真的爱和感动。颠沛流离，不知死生，人生已有太多不易，而此刻我们享受年轻的生命，应该加倍珍惜。虽然人间烟火，有时候会烧掉纯净。但哪里才能容得下纯净的爱，脚踏故土，我由衷感激上苍让人间充满疮痍。

人生不过百，短短数十年，多少年后，我们终将成为尘世里的一个过客，相爱的人便会后会无期，再也无缘相爱。那又怎样呢？只爱这一世，燃尽这美好青春，你我今生已能无怨无悔！所以，永远不要为一时的伤心，作出沉痛一世的准备，永远不要辜负这相爱的大好年纪，哪怕到最后只能伤痕累累。

邂逅一个人，只需片刻，爱上一个人，也是瞬间的事，但要忘记一段刻骨铭心的爱恋，也许要付出一生的时间。每个女人都期待在她最好的年纪，遇见对的人，让爱情最完美地绽放。

席慕容说，如何让我遇见你，在我最美丽的时刻；纵观世间女子，都用真心演绎自己。乱世烽烟，多少绝色佳人，她们用自己独有的高贵气质，在滚滚的历史长河，写下最浓重的一笔。笔墨丹青，这才知道，除了可以描绘烽火狼烟、乱世枭雄，更能容纳多情红颜、风姿绰约。

朱坚家位于卢州县，家有万贯家财，因此祖父、父亲都是当地德高望重的富豪。家族事业落到朱坚这一代，因他为人勤奋忠厚，倒也欣欣向荣。

这一年，朱坚刚满 20 岁，前来登门说亲的人络绎不绝。其中自然少不得品貌双全、门当户对的绝色少女，但却都被朱坚严词拒绝——原来早在两年前，他就遇到了自己的真命天女，此人不是别人，正是日后风靡世界的邓丽君。

但当时邓丽君并未成名，朱坚的父母初听此事，不由得感到震惊——婚姻讲求门当户对，这两家显然不符。但好在两位老人也都通情达理，念在一对有情人爱得痴心，想要积极促成这桩好姻缘。

初恋情人对邓丽君来说，意义重大。1969 年，正是在朱坚的鼓励下，邓丽君参与拍摄人生的第一部电视剧《晶晶》，后又连续推出了几张唱片。其中《一见你就笑》这首歌原本已被多个歌手演绎，但都反响平平。谁知道邓丽君一张口，境况竟大为改观，很快就传遍了台湾的大街小巷，邓丽君也由此为人熟知。

这一首歌也像是二人浓烈爱情的深刻演绎——他们确实每次见到对方，都是第一眼就笑出来的。

1970年，此时两人已热恋三年有余。端午节那天，朱坚携一枚镶嵌绿宝石的纯金戒指来到邓丽君面前，深情地注视着她，"小妹，应该承认，在台湾这个地方，你的名气已经很响了。可是艺无止境，你还应该有个更大的发展啊！"

就是因为心上人这一句中肯的提议，这年的盛夏，邓丽君由台北乘坐客机朝香港飞去。这是她第一次坐飞机，忍不住靠在机窗口俯身向外望去，只见碧空万里，身下白云环绕，这感觉就像做梦，像真的在飞。

此时此刻，她的思绪纷乱，除了感觉新奇，更有重重担忧：担心自己在香港的声名不比台湾，担心自己会令一直鼓励自己的情人失望。

突然，此时前方隐约出现一片碧波浩瀚的大海。她以前在画报上看到过，心想那大概就是美丽的维多利亚海湾。

终于，香港这座宏伟的城出现在视线。

邓丽君站在高高的舷梯上朝下望去，猛烈的日头使她感到有些发晕。但就在此时，一件令她意想不到的事情发生了：

"真没想到呀，邓小姐，你的歌迷从大清早就在机场外等候你了！"一位机场警察一看到她，就慌忙朝她跑来，一边跑一边笑着大声报告，"这是香港近几年来极为少见的！"

这突如其来的一幕使邓丽君感到既惊又喜，她分明刚才还在飞机上，为此行演出成败忧心忡忡。可如今，耳边切实地响起了歌迷们热烈的欢呼声……

邓丽君公演的地点定在香港的九龙大戏楼。由霓虹灯组成的"邓丽君小姐"五个大字在漆黑的天幕下，不断闪烁红光。

这次演出空前成功。香港的《文汇报》《星岛日报》等相继刊登了邓丽君演出的报道，并刊以其身穿短裙，载歌载舞的大幅照片。

此时，在台湾的朱坚也从一份杂志上，获知了心上人的巨大成功。他看着杂志上那张他再也熟悉不过的脸庞，心里涌动感动和喜悦。

1971年的春天，朱坚向邓丽君提出去东南亚发展的建议。于是，在一个春风和煦的日子里，这位有着甜美嗓音和长相的女孩开始频频出现在吉隆坡、曼谷等地的舞台上。歌美人靓，经历多场演出，她已掌握了一定的歌唱技巧，加上新加坡、马来西亚、泰国三国的新闻媒体的炒作，邓丽君大红大紫。

1972年的盛夏，邓丽君下榻在香港油麻地附近的富都酒店。这些年，因为忙于开辟新天地，她已经很久没有见到未婚夫朱坚了。相思之火盛烈，邓丽君只好依赖书信与朱坚交流，天南地北，鸿雁传情，这一对小情人依旧知心，他们欲要在秋天喜结连理。

7月2日，邓丽君收到未婚夫发来的电报，大概写自己将到香港寻她。邓丽君见报，顿时欣喜若狂。那个晚上，因为思君心切，她兴奋到失眠。

转眼，东方既白，邓丽君彻夜未眠，虽眼睛有些发红，但容光焕发。她坐在梳妆镜前醉心打扮，一心要给未婚夫一个清爽、甜美的自己。半个小时后，对面的镜子里出现的是一个高贵典雅、素洁恬淡的少女，她身穿一身洁白的连衣裙，宛若一朵盛开的雪莲。

等待是煎熬的，特别是在超过心理承受的时段之后。转眼已是上午9时，可心心念念的梦中人依旧未出现，邓丽君开始变得烦躁起来，她径直走到窗户前，俯望那条熟悉的街道，只见车来人往——黑色的轿车密集如麻，她猜不出心上人坐在哪一辆中。

转身，她又望一眼墙上的钟表，航班到达的时间显然早已超过。可是为什么那个人还不现身呢？

邓丽君心绪焦烦，坐立不安。她几次欲冲下楼去，驱车前往机场问询究竟，但终究生怕错过，只好劝自己继续在房间等。

上午10点，邓丽君突然想起打电话向机场查询航班情况，谁知道在听了她的意思后，对方什么消息都不透露，只冷冷地回说："请你打开电视机就全明白了！"

隐隐地，邓丽君内心升起一种不安之感。她的手颤抖着，打开了电视机：

这里是香港丽的电视台，据来自航警局的可靠消息称：一架由台北桃园国际机场今晨7点30分起飞的'华航'BC006号客机，在飞临澎湖附近海域上空时，突然发生故障。开始时是左发动机运转失灵，机体从高空下沉，并从该机传出紧急向地面求援的信号，8点零4分后无线电联络中断。半小时后桃园机场得到该机在海面坠落的准确消息。据信，该机乘客108人与所有机组人员全部遇难，事故原因台北'华航'正在调查之中……

"天哪！"邓丽君瞬时只感到"嗡"的一声，就什么都听不到了。眼前一黑，她跌倒在地板……

小雨，淅淅沥沥又下起来了。伫立在心上人朱坚坟墓前的邓丽君，潸然泪下。她浑身早被淋透了，却像个石像一般，目不转睛地凝视着石碑上的朱坚遗像，她的魂也早随那人去了……

在与初恋情人朱坚海誓山盟时，邓丽君也曾遇到一位音乐上的珍贵知音。也许，上天早就知道她与朱坚的爱情终将会夭折，是未免佳人太过悲哀、伤心，才又另外安排了这样一段奇妙的姻缘吗？又或者，上天已经给了她太多的芳华绝代，所以在爱情上就显得格外吝啬。

总之，在少女如花的红尘岁月，传说中的翩翩公子出现了。一段旷世奇缘，就此展开。

那一年，邓丽君刚满18岁，青春年少，意气风发。她在马来西亚巡回演出，站在镁光灯下，不饰雕琢，清新淡雅，飘逸绝尘，这样的她吸引了一位商业家。

每个男人心中大概都有这样一个女人：清新脱俗、不惹尘埃。她是他来到这个世界的最大原因，也是他渴望牵手一生的最佳人选。你若相信时间有轮回存在，或许前生他们就彼此相爱呢？"死生契阔"，因为难得，此情更显弥足珍贵。

而每个女人心中必定也有这样的期待：那个他，白衣飘飘，跋涉千山万水，只为自己而来，在奈何桥他也许没有喝下那碗忘情的孟婆汤，一定是这样了，他们前世就互相守护着彼此，直到生命的终结。

尘世间关于爱的誓言有很多。爱情被一些人辜负，也因一些人称为传奇，比如三毛和荷西。当年，少年如他，一脸天真地对她许下娶她的心愿，当时的三毛并不相信这美好的爱情就么降临了，然而时光不会欺骗一个对爱情认真、执着的人。六年后，当他们再相遇，他履行了当年的诺言，她终于感动，此后一对璧人携手共度人生。

7年之后，她已是无法离开。苍天无情，命定了相爱，也命定了相守。他死后，她用一种特殊的方式结束生命，驭风而去。

邓丽君的另一位恋人，也是位有情人。这个名叫林振发的男子，原本是一位造纸厂的董事长，1971年，邓丽君在吉隆坡登台表演时，发现连续三天前三排的观众脸孔竟都是同一批人。原来这位林姓老板十分喜爱她，索性花钱包了前三排，并盛情邀请自己的亲朋好友前来听歌，邓丽君唱了45天，他就整整包了45天。

这样用情至深，打动了感性的邓丽君，她此前还没有遇到这样痴情的人，那一刻，少女的心扉向着爱神敞开了，她立即陷入了梦幻般的美好的爱情中。

邓丽君曾说，她这辈子非林振发不嫁。

诚心拳拳，天地可表。冬雷震震夏雨雪，天地合，乃敢与君绝。

然而，上苍却自有另一番崎岖的安排。

因为邓丽君要到日本进行发展，两人的婚事只好暂时先搁浅下来。谁知道，天有不测，林振发出了意外。

1978年的某天晚上，邓丽君收到一封紧急电报，上面写着一个令她浑身战栗、发抖的消息——林振发因心脏病突发，情况危急。收到消息后，她寝食难安，失眠了一整个晚上，第二天一早便搭乘飞机赶往吉隆坡，却在未到达目的地的时候，从报纸上看到了心爱男人的死讯。

千头万绪，一腔深情，如何梳理得清？转眼，佳人已是泪眼迷离，恨不能追随他而去！这样的分离，人世间最是苦情。失去了心爱的人，邓丽君也犹如抽丝，然而心上人已去，从此一腔真情付诸何处？

尘世间的感情，唯是分别苦。滚滚红尘，我们好不容易才找到相爱的人,我们是如此坚定彼此的心,发誓共同走完今生,还未携手走遍山川,君何能就此离去?

邓丽君啊邓丽君,两次喜遇可携手共度人生路之人,却双双不得善终。一个空难而亡,一个因病离逝。这双重的打击,心思纤细如邓丽君者,如何承受得起?

如此真挚的爱情却花开无果,这无疑是对邓丽君的致命打击。如今,苍天执意抛下难题,她也唯有痛哭流涕,痛问苍天。

问苍天,泪流面,空谷环绝,无人语。

一切都是那么寂静,他们都像是从未出现过。可是只有她知道,他们在她的心里,是刻下了怎样一道深刻的印记。

今生已然无缘相守,就让来生在轮回中守候吧……

异国爱恋：尘埃中夭折的花朵

世间的美有千万种，每一种都自有一番风韵。我心上那最美的女子，应当妆淡如莲，安静、优雅。见到这样的女子，她迈着清浅的步子从对面的方向走来，低眉顺眼，任你是火爆的脾性也必定能消融。这样的女子应该过着一种远离俗世的生活，虽静若处子，但并非不食人间烟火，守着一处低矮屋檐，过着清淡的小生活，或许，她的门前种满了梨树，每到季节，梨花开遍，春风一送，十里飘香。

邓丽君是安静的，在这纷纷扰扰的乱世中，经历过一场刻骨铭心爱恋的她，已经懂得爱情是何种模样。带着伤痕，她依旧期待，有生之年，可以遇到那个可以与自己携手一生的人。在她安静、柔弱的外表下，藏着一颗如火的热情的心。为了爱，她是愿意付出一切的，为了拥有那想象里的美好生活，她也从来不端大明星的架子，只恐自己爱得不真切，爱得不轰轰烈烈。

她像是天上一轮月，尽情挥洒诗意清辉，照亮人间漆黑的夜。

这一年,她漂洋过海,来到日本发展。

和中国港台、东南亚地区不同,日本到处洋溢了一种清新、青春的气息,她不敢说自己喜欢这里,但在这里,她第一次意识到世界如此不同。

新事业发展得很成功,她始终愿意为了唱歌奉献自己的所有。在这里待得久了,她不仅学会了日语,还了解到一些日本文化。对于日本的男孩子,她心中也沉淀了一些想法。

一个感性的好姑娘不会没有爱情的,这是真理。

随着她的歌唱事业在日本发展得更加好,她认识了一个名叫森进一的日本歌星,这样的相恋不知是为什么,也许是因为两个人同是歌手的身份,在一起更容易交流。爱情原本就没有任何道理,当你爱上一个人时,他的一举手、一投足,都令你沉醉。虽然,在别人眼中,那并无独特之处。

甜蜜岁月里,两个人也曾卿卿我我,真心以对。每天,当她结束了一天的工作,都会跑到他的公司楼下等他,然后他们一起牵手逛街,到居酒屋里畅饮,相互诉说衷情。爱情在最初的时候,都是美好的,两个人爱得如胶似漆,恨不能瞬间共同老去。

可是,这样美好的感情总是短暂。三个月后,他们分手了。面对媒体记者的追问,邓丽君只好揭开这块爱情的伤疤,原来这个日本男人太大男子主义,他总是要求邓丽君不许这样,不许那样,可邓丽君生性热爱自由，一向都无拘无束。那样管教式的生活不适合她，那种生活会彻底将她毁灭。特别是对方要求自己，要在结婚后退出歌坛，这是她从来都没有考虑过的事情，在她活着的如此长久的一段岁月中，唱歌一直都是她的梦想，这梦想太珍贵，带着她离开故土，漂洋过海来到这里。如果不是唱歌，她甚至都不会遇到他。

这段感情就这样戛然而止。

日子恢复了平静。邓丽君纵然心里感到难过，但是她没有第二个办法。缘分来了，它带来一切美好；缘分走了，它留给自己一片心痛。

很多人都敬佩邓丽君可以为爱付出真心，更钦佩她可以为梦想放弃爱。当一个女人爱上一个男人，她所能交出的也只有一片真情。可是就像邓丽君所说，梦想真的太珍贵了，若是她当时真的选择结婚，从而放弃歌唱事业，那么她就不会是后来那个名扬国际的巨星，她也许会收获另一番美好的生活。只是有些事情是命中注定的，她热爱歌唱，热爱自己的事业就如同生命一般，若要放弃，怎会舍得？

一边是自己喜欢的男子，一边是自己向往的事业，一个女子想要在世间活出最完美的自己，她就必须跳出红尘，作出那个最艰难的选择。如果不是这样，等待她的，必定是身陷俗世的羁绊，当那场滔天的浊浪将你扑倒，一切就都已成定局，不管你如何挣扎，命运也是无从改写的了。

也许邓丽君只是从这两个选择中，挑拣出了自己最钟爱的那一个。也许这一切都是一种本能。但这样的本能真是太珍贵了,试想,曾有多少世间的女子,在情爱中迷失了自己?为了爱情甚至不惜放弃自己的生命,结果换来的,却是一个面目全非的自己。爱情,原本应该是快乐的,而真正爱你的那个人,也一定不会这样去为难自己。

这个道理,想必邓丽君懂得。她只向值得的东西妥协,却从来不让任何人看到她心上的伤口,眼角的泪只流在寂静的夜里。

她只是一个太平凡的女子,虽渴望一段完美人生,却也必须遵守命运的安排。多年之后,她也许想起这段,心中依旧会充满怀念,但那感情却也变得淡然。曾经,她在自己返台途中写了这样一段话:

今天好愉快,见了好多老朋友,一家人走在路上都有许多人品头论足的。有个小女孩告诉我,她从小听我唱歌;台北的男孩越来越时髦了,高跟鞋、中分发、皮夹克,好像越来越向日本年轻人看齐。欧阳菲菲在日本找到心爱对象,许多人猜我也可能嫁个日本男孩,但我始终觉得日本男孩外在漂亮,但谈吐肤浅,不过婚姻的确是很微妙,我也不敢说。

一场爱情,不完美地落幕了。她会有遗憾,爱她的人也会有遗憾,但是想一想,这未尝不代表另有一份美好的爱情,会在不远处等待着她?

人与人之间的缘分如此美妙,我相信,总有一个男子是为她而来,可以同她共拥一帘幽梦。

遇见你：此情都付东流水

每一段感情的结束，预示着下一段感情的开始。缘分，妙不可言，之所以这样感慨，一切只因为人与人之间的相遇确实充满了种种奇妙。

有些情感永远无法诉说清楚。遇见、爱上、真情付出，所以渴望携手一生。在没有遇到那个对的人之前，少女的心总是对爱情满怀憧憬，可能会在有星星的晚上，对着夜空问自己那个人会是谁，会从哪里来，会以一种怎样的方式遇到自己，两个人会不会一起携手共同走完一生？

总之，没有遇到之前，一切都是新奇的，一切都有可能。而你无需紧张、焦虑，只需要等待，这一切都在缘分的掌控中，时光总会将她（他）带来你的身边，哪怕此刻远隔万水千山。

当缘分到来的时候，我们所能做的最正确的事情，就是好好把握，珍惜在一起的每一刻。因为缘分既会来，就有走丢的一天。时光能做出动人的事情，也能做下伤人的决定。不珍惜，再深刻的感情也会消失不见，到最后即便真心相爱，也都变成真心相爱过，缘分尽了的时候，你们只能是彼此的一个路人。此后，万水千山，再无关联。

这是缘分下的诅咒，爱过的人不会再回头。所以，不管是谁，当你遇到自己的真爱，千万要珍惜。

像这样的陌路，时刻都在红尘中上演。人，都太多情，尘世里的诱惑太多，稍微不留意，就将陷入万劫不复的深渊。我不知道，有多少人在失去以后想要找回曾经的爱恋？又有多少爱恋是可以重来的？我们的心，只能为那个正确的人，奉献爱情。

在这纷纷扰扰中，人们要学会锻炼自己的心境，有时候我们努力许多，却换不回一个完美的结果，从一开始的情窦初开到最后的伤痕无数，爱情在我们的身体里疯长，开出一朵朵刺人的玫瑰。鲜艳欲滴，但却永远不属于自己。

很多人并不想过多么锦衣玉食的生活，一生所求也不过遇到那个可以一起柴、米、油、盐的枕边人，可是缘分如若浅薄，这就是一种奢求。

渐渐地，一些人经历风波，心情终于平静下来。面对现实，逃避已是无用，挣扎又当何必？只有默默地接受一切，流过眼泪，告诉自己前面还有更好的风景。

对于邓丽君来说，这一天，美丽的风景终于到来。

置身于娱乐圈，她理应有更多的时间接触歌手、影星。

1978年春节前后，电影圈突然传出邓丽君与秦祥林拍拖的新闻，当时秦祥林刚离婚，而且他还被指在追求另一位影坛巨星林青霞。

　　上世纪七十年代，琼瑶电影初出茅庐，立即在台湾掀起一阵疯狂，当红男女主角享有"二秦二林"之称，"二林"指的是林凤娇、林青霞，"二秦"则是秦汉、秦祥林。

　　1978年农历大年初二，秦祥林与原配萧芳芳因个性不合办理离婚。同年3月，台湾媒体报道，一名影迷在罗马看见他与邓丽君携手共度"罗马假日"。日本媒体更甚，竟报道两人已在国外秘密结婚的消息。

　　甚至有媒体发现，秦祥林年初生病住院时期，医院的账单中有一大笔电话费，通话两地正是台北与东京。于是，人们认为秦祥林又恋爱了，并且对象正是当时在日本发展的邓丽君。

　　后来，台湾的《联合报》又再刊登邓丽君携秦祥林面见家长的消息，"3月17日他们从巴黎飞抵纽约，这段时期，两人行踪很保密，除了秦祥林让居住纽约的家人和他电影界的老朋友鹿瑜知道外，没有和任何人接触。"

　　起初，秦祥林和邓丽君对此全部矢口否认。然而外界依旧质疑，邓丽君只好说，"不信，青霞可以作证。"秦祥林也是守口如瓶，丝毫不肯透露半分，但他从不在众人面前隐瞒自己对于邓丽君的好感，经常对身边的朋友说，"邓丽君对我太好了。"

秦祥林和邓丽君是否相恋的谜题让大家迷惑了好长时间，但到了4月底，不想秦祥林本人终于将恋情公开，"开始时，是我追邓丽君。我喜欢她的纯真，以及认真工作的态度。"他说。

他极力称赞邓丽君做人处世有原则、有见地。先前之所以费力隐瞒，主要是因为邓丽君顾忌到私生活会被媒体打扰，她不想娱乐记者在这上面大做文章，秦祥林考虑到她的感受，只好同她一起否认。

但就在同年8月31日，一件诡诞的事情发生了：邓丽君回到台湾探亲，媒体一早得到消息，早早在机场等候，见到邓丽君时紧追不舍，追问她和秦祥林的恋情。然而却没想到邓丽君始终避而不答，只说以免越描越黑。

邓丽君的父亲邓枢也出面帮女儿阻止媒体的无理纠缠。他说，以前女儿在高雄开演唱会，正好巧遇秦祥林，两个人只是见过一面，并无太多言语交流。而歌迷所说的"罗马假日"，也只是两个人分别受邀，一同参加活动，完全出于偶遇。

9月9日，邓丽君到台中为新专辑采外景。当时，秦祥林正好在台中的成功岭上拍片。又被记者盯梢，邓丽君故意装糊涂："哦？还真巧，但是他忙他的，我忙我的。"

面对这段扑朔迷离的恋情，邓丽君的好朋友也曾悄问原委。她也只是微笑着说："大概只有秦祥林心里明白，我的心里明白，哪有那回事嘛！"

好友相信了邓丽君的话,当她没有男朋友,于是还热情地帮她安排相亲,但几乎所有男方一见到她都不假思索地问:"不是有了秦祥林吗?"

但邓丽君却云淡风轻地说:"我真想好好地交个男朋友!"从那一脸认真的表情看,她与秦祥林的情缘似已走到尽头。

9月14日,邓丽君在"台视"录制个人专辑,秦祥林适时出现在"台视"摄影棚,恋情再度引人关注。秦祥林解释说他来这里谈要事,没想到巧遇到她。这次见面时间很短,邓丽君忙于工作,秦祥林稍作停歇便离开了。对此,邓父对外解释说,"两人要谈婚姻是绝对不可能的事,因为秦祥林实在难给人安全感。"

邓父为何口出此言呢?

秦祥林面对爱情直接、坦荡,邓丽君自然明白他的心意,但她却陷入犹疑,左右拿不定主意,因她听说秦祥林不但和自己保持着密切联系,同林青霞更有着暧昧关系。作为一个女人,她何尝不是想要获得一份纯真的爱情,要自己成为对方眼中那个唯一?

面对邓丽君的迟疑,或许秦祥林心里也开始变得没底,他开始打退堂鼓了。没过多久,他竟然和林青霞在美国订婚。

得知这个消息,邓丽君彻底断了要和他在一起的念头,就此放下了这段感情。

结束了这段和秦祥林的感情,邓丽君从此以后对待感情多少带有一些游移。也许是她没有太多自信,但决然不是因为不再相信爱情。对于爱情,她一直都是充满幻想的,只是上天所安排的缘分都太浅薄了,她都没来得及抓,一转眼就都不见了。

我想,不管怎样,秦祥林都是爱过邓丽君的吧,虽然他给的爱情太短暂,但像邓丽君那样聪慧的女子,怎么忍心放过一段真情实意的感情?我想,这大概是秦祥林也没有搞懂的问题吧。

在邓丽君过世后,有记者找到秦祥林问起关于她的事情。秦祥林回忆说,他30岁那年,因忙于拍戏患上胆结石需住院开刀。一天,躺在病床上百无聊赖的他却突然收到一束花和录音,原来是邓丽君委托自己的好友送来的。

"那一个月里,我反复听她的歌,感触特别深,我甚至能感受到她的心意。"秦祥林最后说,脸上洋溢着一种回忆的温馨之情。

然而,一些人,错过就是错过了,此后,春夏秋冬,万水千山,相爱过的人之间的距离,只能越来越远。直到对方变成一个某年某月的回忆。后来,当我们翻开回忆,那人还在那里好好地站着,容貌和打扮都是当年模样,丝毫不曾随时光老去——这样一想,难道不是一件挺美好的事情吗?

人生在世,谁能没有一两件遗憾的事?谁又能不错过几个值得自己珍惜的人?如果天下都是圆满,那人生还有何遗憾?如果月亮一直盈满明亮,谁还会思念那皓月的清辉?

何况，有痛苦才有甜蜜，有错过才有在一起，有离别才有相聚。天下的事物都是相对的，这样的存在，使白天变成黑夜，黑夜也有了白天的味道。

人生如戏，戏如人生，当我们爱的时候，那爱应该是淡淡的，流化于生活，变成每一处细节。

过尽千帆，唯有真爱的人，才值得我们不惜费尽一生心力去拥有。

对于邓丽君和秦祥林的这段感情，我不想用"不在乎天长地久，只在乎曾经拥有"这样烂俗的语句来形容，爱一个人，如果对方也爱你，你们理应长相厮守。相爱是对命运的成全，而相守才是成全了彼此。

红尘男女，莫说彼此邂逅在寂寥的异国他乡，就是相逢在拥挤的人潮，只要那人属于你，也应尽全力抓住缘分。

而当缘分尽了，也要学会适时放手。

纵然许多感情都错付了，犹如一场东流水，但日后回忆起，也能骄傲地告诉自己，在那最美的年华，你曾绽放如玫，曾热烈地爱，痛快地哭，在可以疯狂的年纪燃烧过自己。

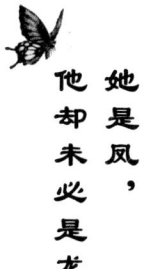

她是凤,他却未必是龙

有一种爱情的际遇叫作原来你也在这里,有一种遗憾叫作我爱你,但是不能和你在一起。女孩子心思细腻,谁都渴望能在对的时间遇见对的人,谈一场天荒地老的恋爱。可是世事难料,不是我们想怎样,上天就会给我们想要的期许。

这是一段注定要错过的爱情。我听说,鱼的记忆力十分短暂,只停留七秒,七秒过后,便是再惊天动地的爱恋也丝毫回忆不起。

那是一种刻骨的孤独——当你想念一个人,而这个人毫无知觉。他有他的世界,你有你的悲喜,红尘里相逢,不交付一点温存。

尘世里的每个人,历经艰辛寻寻觅觅,都只想到找到那个能够与自己白首偕老的人,女人渴望得到一个完美的归宿,免她惊,免她苦,免她四下流离,免她无枝可依。而男人则期待能遇到那个懂他的女子,也许她不需要貌美倾城,更无需沉鱼落雁,只要在他感到疲累时,给一句关怀的话语,一个踏实且温暖的肩膀。

我们所求是这样平凡，简单到似乎唾手可得，可有些相遇偏偏就是有缘无分。红尘里多少遗憾的事，并不是因为彼此不够相爱，却正是因为相爱太深，缘分太浅，注定要错过今生。

有人流着爱的热泪，向恋人诉说生生世世的誓言，可是他明明知道，就是此生也不一定能够相守。那些上天早已注定了的姻缘，我们不知所求为何，只是爱上了便决定为他（她）付出一切。有时候痴情，竟也能变成一把锐利的刀子，将自己划得体无完肤。

可很多尘世里的人，还是渴望，今生能够找到那个知心知意的人。说起来，我们都是那个带着心愿踏入红尘苦苦寻觅的人。

才子佳人的情怀，不知羡煞了多少红尘里的人儿，才有诗云，"只羡鸳鸯不羡仙"。

徐志摩是那样一个热情的才子，当他遇到林徽因，深深地沉入到她那如水的目光中，不能自拔。为她疯，为她狂，为她甘愿做一把点燃爱情的火把，可是林徽因太聪慧，他们之间的缘分太浅薄，所以到最后，她选择了理智，离开了他。离开，并非因为不爱，只是无法消受那种爱，这充其量只不过是一个人为爱放弃自己，而另一个为彼此放弃爱的红尘俗事。也许徐志摩知道，也许他不知道林徽因放弃自己的原因，但多年以后，当他的飞机在山东济南出事，林徽因哭得是那样伤心欲绝，她叫丈夫梁思成从失事现场带回一片飞机的残骸，好自珍藏，直到百年归去。

我不知道，这两个人的错过到底是谁辜负了谁，但也许爱情里没有辜负这么一说，缘分到来，他们相遇、相爱，缘分散去，他们分手、作别，一转身就是一辈子。

她的心里并非不难过，只是不忍爱情这把火灼烧自己。这样的选择本身亦没有错的。

每个女人，都会遇到这样的一份真感情吧，只是缘分太少，真的太少了。

1979年年底，当时早已是国际巨星的成龙来到洛杉矶拍戏，一天结束了工作的他，在一个偶然的机遇下来到海滩放松，不巧却遇到了当时同在这个城市求学的邓丽君（那一年，因为"假护照事件"造成不良影响，邓丽君无奈来到美国继续进行深造）。

他们惊喜地发现，两人有很多共同之处：他们是同乡；他们都有做名人的难言的苦衷，特别是那一份自辉煌归于沉寂的心理失衡；他们有着相似的文化背景——都来自港、台地区。在家乡，或许香港和台湾有所差别，但远渡重洋，来到异国他乡，便极感亲切。

一次，成龙对邓丽君谈起自己出生时的趣事："我出世时有12斤重，要开刀才生得出，这么大的个子，把医生们都吓了一跳！"

邓丽君只在一旁闲坐静听，听到他这么说抿唇一乐："你是哪一年出生的？"

成龙快人快语地回答说："1954年4月7日。"

邓丽君便不说话了。她是1953年1月29日出生，这么说来，她比成龙正好大了一岁。

熟悉邓丽君的家人和她的朋友都知道，她一直都喜欢成熟的男人。她是一个很传统的中国女人，因此婚配观念也严格遵从男大女小的规律。早年她对那些比自己年轻的男孩都提不起兴趣，认为他们都太小了。但后来她退出歌坛却选择了比自己小了整整15岁的保罗，想必是那时的心境已然发生些许变化了吧。

成龙同样算是个例外。几次接触下来，邓丽君很喜欢他身上的那股豪爽，甚至爱他大大咧咧的粗疏劲儿。此次得知成龙的出生年月，邓丽君非但没有感到沉重，反而体现出一种轻松——她像一位姐姐对待弟弟那样照顾成龙，实在是发自内心。

冷凳孤灯、恶补洋文的日子本来十分枯燥，但有了成龙的相伴，这段日子突然变得灵动起来。

成龙一向喜好热闹，没有人陪伴的日子是苦闷的。他只要不忙着拍戏，就一定找邓丽君相伴。大部分时间两人都泡在快餐店里：成龙吃东西总是狼吞虎咽，几分钟内就只剩残羹冷炙了，而邓丽君则十分温柔小心，往往都是待他吃完，她面前的汉堡还未打开。

华灯初上，两人一起漫步风中，成龙壮实魁梧，邓丽君小鸟依人，爱情的身影是如此迷离！周围时常走过一些金发碧眼的说着外语的白皮肤洋人，提醒他们身在异国的孤独，也提醒他们彼此相依为命的温存。

成龙性格豪放，举手投足间皆是男子气概，邓丽君则安静贤良、笑不露齿。两人在一起时，成龙常作发言人。而每每当他激情飞扬地笑谈着，邓丽君则会在一旁露出迷人的娇笑，碰上她感兴趣的话题，也会适时发表见解。

邓丽君对浪漫情有独钟。暑假时，她主动邀约成龙一起去游泳、钓鱼。成龙虽然天生不懂欣赏这份雅致，但每次必定"舍命陪君子"，总是欣然前往。

这一天天气晴好，万里无云。海滩上金沙细细，大海里碧浪柔波。两人在海滨飞波逐浪，痛快淋漓地嬉笑游玩着。一个时辰后，邓丽君已娇喘细细、粉腮飞红，似乎力不从心。成龙本来玩得兴起，但见佳人劳累，急忙上岸相陪。两人撑起太阳伞，闲坐沙滩，喁喁闲谈，甚是愉悦。

一份感情总要经历这样的阶段。因为彼此相爱，因为爱情的甜蜜，才会闻风柔软，观雨生情；才会感时花溅泪，恨别鸟惊心；才会觉得生命充满了感动，充满了奇迹。当你爱上的时候，心总是柔软的，情总是脆弱的。带着一颗爱心看周围的世界，天更蓝，草更鲜，花朵更娇嫩。爱情，原本就拥有这样的魔力。

也许俩人的相遇、相爱，都是前生的约定今生来完成，但我想最大的原因不过因为寂寞，他乡遇故知，在远离故土的大洋彼岸，遇到了来自同一片天空的人，怎能不惺惺相惜？尘世间，每个孤独的灵魂都渴望能被抚慰。也只有孤独，才最懂得爱情的甜美。于是，一切就像被事先安排好的，只要他们遇到彼此，就注定沦陷在对方那温柔的眼眸里。

也只有洛杉矶，才能成全这场美丽的相逢。在家乡，他有他的电影，她忙她的演唱会，深处鱼龙混杂的娱乐圈，未必想要衍生一段真感情。他乡，总是能将一段普通的相遇，变成一段绚丽的传奇。"想你时，你在天边，想你时，你在眼前"，仿佛只有天涯海角，才藏有全世界最纯美的爱恋。

两人的美好恋情仍在继续。几天后，成龙接到邓丽君的电话，听筒里是他熟悉的那个轻快而甜蜜的声音："喂，积奇（成龙的英文名），今晚早点来，有好吃的等你。"

成龙挂掉电话，急急忙忙地赶到邓丽君的寓所。只见她满面春风，正扎着小围裙围着锅灶喜气洋洋地忙碌着。在她面前的盘子里盛满了一摞新摊出来的煎饼。灶上的瓦煲正咕嘟咕嘟冒着气泡，香气四溢。

成龙一进门，就不停地翕动着鼻子："哇，好香！"当他看到煎饼时，眼睛顿时发亮："有煎饼！"说着伸手就去抓。邓丽君赶忙在他手上轻拍一下："邋遢鬼，洗手去！"

成龙做了个鬼脸，乖乖去洗了手。两人围坐桌旁，舒心地享用着来自家乡的美餐。席间，邓丽君拿出一瓶香槟酒，斟满两杯，并点燃银烛台上的蜡烛，烛光顿时映满整个房间。两人把盏浅酌，融融谈笑，啊，这是一个多么浪漫、迷人的夜晚！邓丽君沉醉在自己一手酿造的佳境里。

然而这美好并不能一直延续。随着交往越来越密切，他们都发现了彼此性格上的巨大差异，甚至还因为这些差异拌嘴、吵架。

但邓丽君在成龙的眼里，依旧是一个充满魅力的女人，他曾在自己的英文自传中这样赞扬对方，"她温柔、聪明，有幽默感又美丽，她在服装和食品上的鉴赏力令人羡慕……她是典雅的化身，我却是个粗鲁男孩，一心想做个真正的男子汉，说话没有分寸，能走路时却要跑；她总是穿着得体的名牌服装，我却穿着短裤和T恤就上街；她举止得体，礼貌周全，我对权威不屑一顾，常常当着饭店经理和服务员的面做鬼脸，把脚放在桌子上。"

他还提到两人最直接的冲突，"她希望和我一个人在一起，而我在公共场合时，不愿没有我那帮小兄弟跟班。我年轻、富有，被名声惯坏了。我爱她，但我更爱自己，没有哪一颗心可以做一仆二主的事。"

这一段维系了三年的情缘，没有挥金如土的奢华，虽然当时两人都已是赫赫有名，但都没有豪华游艇和名贵跑车。成龙曾说，"如果深入讲，我和她之间是一个动人的故事。"

在和成龙交往最为深入的那段时间，邓丽君已萌生退出歌坛的意愿。她幻想着有一日可以褪去歌衫，恢复简单、平静的家居生活。和成龙的这一段感情让她心醉，她满心欢喜地以为，这就是自己长久的归宿了。

但成龙对他的事业正情深意长。他赴美修炼，正是为了日后的鹰击长空！所以他才说，"我太喜欢本身的职业，我一切以工作为先。"他当时从心里觉得，还没有任何一个女人能令他对感情的付出多过对工作的付出。看来只有能够耐得住寂寞，不求回报，体谅他并有奉献精神的人，才能成为他的真命天女。

毫无疑问，邓丽君是他心目中的好女孩。"如果她嫁人，一定会是个很好的贤妻良母。"成龙说。

但就是因为相处得越久，成龙才逐渐发现二人在性格上的极大差别：邓丽君温柔、热爱浪漫，希望二人朝夕相伴；而成龙豪爽、热衷务实，总忘情于工作。在成龙眼里，邓丽君是高贵的，他时常觉得自己吊儿郎当，配不起她。"她那么好，显得我一无是处。"——大概邓丽君凡事力求完美的个性，使成龙感到有压力吧。

《杀手壕》拍完，成龙便回到香港拍《龙少爷》去了，而邓丽君依旧留在美国。两人的爱情不得不接受异地恋的严酷考验。

光阴荏苒，半年后邓丽君重出歌坛。一对佳人再次聚首。原本应当相见欢愉，可却没有想到他们却最终因为一件小事，就此分道扬镳。

一天晚上，邓丽君高高兴兴地到华城饭店去找正在此地拍戏的成龙小聚。当时他正忙着和兄弟们设计编排武打招式，便随意叫邓丽君"请在旁坐坐，等一等"。但在邓丽君眼里，这个动作就意味着"君情渺渺"，不复当日洛杉矶的温柔情怀，她心底自是十分的伤心。

邓丽君乖乖地坐了下去，然而一个小时过去了，却仍不见成龙过来招呼自己——她向来清高自爱,哪里受得了这样的轻视!最终忍无可忍的她恨恨地说:"好吧,我不等了,从今后你只顾你的兄弟班算啦。"说完,便头也不回地走了。

事后,不管成龙如何道歉,邓丽君是横下一条心,始终不理的了。两人从此陌路。直到1981年,"金唱片颁奖会邓丽君泪洒舞台"事件爆发。

那一年,邓丽君一人独获五张金唱片奖,再创华语歌坛的纪录。不料,在无线台筹备的颁奖晚会上却出现了戏剧性的一幕。当时,无线台安排负责给邓丽君颁奖的嘉宾正是成龙,而邓丽君对此一无所知。

当时,成龙拿着唱片,在无线台吴雨的推力下上了台。谁知邓丽君一见他,竟瞬间大惊失色,也不说话只是一直往后退,怎么都不肯接唱片。成龙见此情景急得满头大汗,邓丽君绕场走了一圈,他便跟在身后追了一圈,一边走一边小声地劝她:"先接住吧,好不好都先接着。"这种情景也是成龙没有预料到的,他只知道邓丽君恼他、怒他,却没料到怨恨竟是如此深重。

邓丽君退到无处可退,只好站在一旁嘤嘤哭泣,令在场的工作人员都不知所措!她在娱乐圈苦战多年,向来识大体,现在想来,若非当时情难自抑,是断然不会上演这样一幕的。也正是因为这件事,导致她与成龙的恋情大白天下。

然而此后,一对恋人却再无来往。

几年后的某天,成龙从香格里拉酒店刚出电梯门,竟偶遇邓丽君。他没想到还能再见到故人，顿时愣在原地。终于，他还是大着胆子，冲着对方问候一句："噢，是你呀！"一时感觉尴尬的邓丽君，也立即微微颔首，当是回应。

这以后，成龙开始主动联系邓丽君，两人重又做回朋友。一段爱情随风逝去，也无风雨也无晴。

邓丽君去世前两天，还曾打电话到他的公司找他，但当时成龙因拍电影去了日本，故未能联系到。不想，此番擦肩而过，竟是天人永诀！真是世事难料啊！

多年后，成龙在接受媒体访谈时，忆及当年恋情，他总不无哀伤地告白："她很好，是我不好。我是一个粗心大意的人，又不拘小节。我不理会别人的想法。你开心不开心我都不会知道，亦不想去知，完全是一种单边思想，在不知不觉间忽略了、疏忽了，一段情因此结束。"

或许，这段感情结束的原因，还有另外一个女人的介入——她就是后来成龙的妻子，林凤娇。

成龙坦言，他是一个重视兄弟感情的人，当初在片场拍戏，一帮小兄弟总喜欢围绕周围，然而每次邓丽君前来探班，看到这样的场景就会面露难色，她喜欢过二人世界，不想跟一帮陌生人纠缠。但林凤娇不同，她每次来探视，总还记得照顾成龙的这帮小兄弟们。"她有时候会带好吃的来，我的那帮小兄弟都亲切地对她大嫂、大嫂地叫，亲热得不得了。"这样说的时候，他脸上带着兴奋的表情，看得出来，他一直都为自己当年选择林凤娇感到庆幸。

也许,这是邓丽君输给林凤娇的唯一原因。

又或者就像成龙自己说的那样,他是一个太大男子主义的人,不会为了一个女人,放弃自己做人的原则。谁叫他是成龙呢?一条真正的龙,永远都是呼风唤雨、威风凛凛。

最终,一对有情人分手了,彼此都失去了最爱的人,他们都很难过。但成龙很快就遇到了后来的林凤娇,并且很快从这段伤心的往事中走出来,而邓丽君,却不得不忍受漫漫长夜,那无尽的孤独和冷寂。

流年似水,太过匆匆,一些故事哪怕付出真情,转瞬即是错过,感动和爱都被无情地留在昨天的风尘里;而那些还没来得及好好相爱的人,也永远变成今生的过客,以后不会遇到,即使遇到,再不会成为爱人。

如今,斯人已去,只有那淡淡的曲调在风里飞,凝结着细丝般的愁怨,轻轻地唱:

> Goodbye my love
> 我的爱人再见
> Goodbye my love
> 相见不知哪一天
> 我把一切给了你
> 希望你要珍惜

不要辜负我的真情意

Goodbye my love

我的爱人再见

Goodbye my love

从此和你分离

我会永远永远爱你在心里

希望你不要把我忘记

我永远怀念你温柔的情

怀念你原封的心怀念你

甜蜜的吻怀念你

那醉人的歌声

怎能忘记这段情

我的爱再见

不知何日再相见

——《再见，我的爱人》

当我们失去，一段感情注定错过，那就好好地让它去吧，至少，分别的那一刻，望着爱人的背影，还能够"泪眼婆娑，山穷水绝处回忆一遍你……"既然得不到，就放手你的爱，还她自由，从此清风白浪，尚且放任一段美丽传说……

谈婚论嫁：可惜过眼即云烟

在一个飘着细雨的午后，打开你房间的窗子，望着窗外的雨滴出神，空气里飘来清新的味道，而这清爽的感觉总让你想起谁。

到底是谁呢？

陷入深思，翻开记忆，就这样捕捉到那场充满奇迹的相逢。他像是一只蝴蝶，飞进了你的窗口，也飞进你少女般的心怀。从此，你有了心事，那心事字字句句都围绕着一个固定的名字。

或者在洒满星光的夜晚，搬一把小小的凳子，在夜空下乘凉，当你抬起头望到天空尽头那闪闪烁烁的星辰，忽然就看到一双熟悉的眼睛，那是谁的眼睛呢？你默默地问自己，当那个名字涌上心头，忽然就会感到大吃一惊。

原来你们已经分别了这样长久，可是想起当年那场轰轰烈烈，恨不能一起策马奔腾的爱情，便忍不住遗憾地问自己怎么就让它烧成了一个过去，沦为了一场回忆？

但就是在那样一个特定的场景下，当你怀念起过去的情人，时间仿佛都静止了，连空气都开始凝固，这么多年来，像是发生了太多的事情，却又像什么都没有发生。他还在你的心上，只不过变成了尘封在记忆深处的一个名。等待合适的时间、合适的地方，再一次开启，那过去美好的爱恋。

人们都曾以为，爱过的人，不会忘记，但时间淡淡地，一笔一笔将那个曾经难以忘怀的人慢慢抹去，最后只剩下了一个模糊的剪影：相爱有多刻骨铭心，分别就有多彻底。

我们的爱，不过是时间的缩影，再多，长不过一生；再深刻，也都要被红尘抛弃。

没有一个人可以带着旧情人走很远很远，即使是那些最痴情的人。徐志摩太爱林徽因，最后也还是娶了陆小曼；吴三桂冲冠一怒为红颜，却让陈圆圆从此背负祸水的骂名。这些爱，也许用尽真心，但从不感天动地。

真正的爱情，要经得起平淡的流年，爱她，就不要令她对爱情失望；爱她，就牵起她的手，为她盘起长发，披上嫁衣，从此同床共枕，好梦一生。

经历了几段失败的感情，邓丽君依旧是一个爱做梦的女孩，她愿意沦陷在爱的禁区，一生为爱痴狂。爱情，如果太清醒，就容易失真，所以她宁愿选择全身心投入一段感情，然后意乱情迷。

与成龙错过之后,邓丽君遇到了号称"马来西亚糖王"的郭孔丞。相遇同样充满了传奇色彩,试想,她是那样一位美丽优雅的佳人,走到哪里,都自然流露出一种高贵的气质,又如何能不吸引人的注意呢?

郭孔丞比邓丽君大六岁,经由朋友何莉莉的介绍两人彼此认识,并很快陷入了热恋。

1981年,邓丽君与郭孔丞在郭孔丞自家的香格里拉酒店地下楼的香宫餐厅,举办了一场订婚宴。当天席开三桌,出席者包括邓母、香港宝丽多经纪人以及歌迷共计30个人。当天邓丽君心情大好,特意穿了一身鲜亮的黄色洋装。

饭店餐厅的桌子上则摆放着歌迷请餐厅特别定做的火柴盒。盒面上印有红底镶金的"邓丽君"和"香港"的字样。虽然这场订婚宴的两位主角都没有坦诚地公布要结婚的消息,在座的大部分人也还是第一次见到这位传说中的富家阔少郭孔丞,但大家都认为邓丽君在寻寻觅觅多年之后,终于找到了属于自己的幸福。

在订婚仪式上,两人四目相望,情意悠长,彼此互相交换信物,邓丽君当即戴上了订婚戒指。这枚戒指也是她的骄傲,每逢见到好朋友,总望着它开心地笑:"我订婚了。"她的朋友何江西回忆说:"那是她最甜蜜幸福的一段日子,她对这段感情非常认真。"

当初两人订婚,是男方的母亲发现得了癌症,她希望自己在临死之前可以亲眼看到儿子成家,并且她本人也一直都很喜欢邓丽君:她长相清纯，人又温柔贤惠，因此很希望能促成这段美好的姻缘。而郭孔丞的父亲当时是香格里拉集团的老板，因邓丽君已红遍大陆，他认为郭家如果能娶邓丽君做儿媳妇，可以帮助儿子更好地发展事业，便也对这段婚事举双手赞成。

期待已久的新恋情，让邓丽君重新拥有了一个好心情，整个人看上去也清爽许多。她是那样的至情至性，对待每一段感情都用心投入。然而美好的恋情还是遭遇到残酷的风霜。

邓丽君与郭孔丞原本打算于1982年3月17日在新加坡香格里拉饭店举行结婚宴会。当时香港媒体报道称，她连喜帖都印好了，婚纱也准备妥当。在结婚之前，郭孔丞便带着邓丽君回到新加坡面见家中的长辈。她是著名歌星，新加坡没有不知道她的，于是刚一进门，邓丽君就被郭家上上下下团团围住，用人们纷纷向她索要签名。无奈，郭家思想观念相当守旧，祖母观念更是异常保守，看到邓丽君风头大起，这位老人对她的第一印象很是不悦。

祖母向来不喜欢娱乐圈中的女艺人，因此在两人商谈婚礼细节时，便向邓丽君提出三点要求：

一是要邓丽君提供详细的身家资料；

二是停止所有歌唱演艺事业，专心当妻子；

三是和演艺界断绝来往，和所有男性友人划清界限。

邓丽君是一个自尊心很强的女孩，她一向都很有主见，如今怎能忍受别人如此苛刻的要求？况且唱歌是她毕生的追求和梦想，她岂能轻易就放弃。早在和日本歌星恋爱的时候，她就已经遇到同样的威胁了，而这一次，虽然自己跟郭孔丞已经订婚，但如果郭家继续坚持这样的要求，她注定不会松口。

果真，两人订婚一年后，因郭家仍旧坚持，邓丽君只好退婚，与郭孔丞就此分手。

又是一段理应美好的爱情，夭折了。

爱情，不该是相互包容和体谅的吗？那为什么一出现矛盾，唯一的解决办法就只是分道扬镳？我相信，他们两人都是真心爱对方，可是为什么都没有一点儿牺牲精神呢？如果郭孔丞可以站在邓丽君的角度多想一想，成全她想要有份事业的决心，那么她一定会面带幸福的笑容，走进郭家的大门；如果邓丽君答应郭孔丞，可以暂时放一放自己的事业，说不定郭家也会通融。

外界多数人认为，两人分手是因为郭家人的反对。但邓丽君的好友何江西却表示，事情另有隐情："当年在她与郭公子分手后，熬过一段辛苦的日子。在那段期间，我到新加坡她的居所那里探望她，这组照片也是在那时候拍下的。我问她为什么会分手，她告诉我，'与男友没问题，是家长方面有问题。'因为她是一个登台卖唱的女艺人，那种家庭不接纳艺人嫁进去。我还记得她跟我说，'要嫁进去其实还是可以的，但是不想人了，不想勉强，不想遭人白眼。'"

邓丽君的弟弟邓长禧在接受媒体访问时也曾表示,当时邓丽君已经决定退出演艺圈,但她后来觉得如果以此当成嫁入郭家的条件,那未免也太屈辱自己。因此才不得已分道扬镳。

分别后,从此山长水远,他都只是一个路人,和那些,与你擦肩而过的人,并无不同。

我无心苛责这两个人谁更无情,也许只不过是因为没有相守一生的缘分。为了成全爱情,人总免不了做出一些牺牲,有时候我们费尽心力,得到了爱情,却最终失去了最真挚的现实;有时候我们获得了圆满的现实,却不得不辜负一段真情。

非A即B的选择,折磨着每一个生活在红尘里的人。

而邓丽君的选择,也是万般无奈。她不曾获得一个男人全心全意的爱,至少没人可以给她幸福的婚姻,陪她一起看细水长流。她是孤独的,站在云端,远远地观望人间的一切。在她的手中,只握着唱歌这么一件能令她满足的事,有音乐的地方,不会有孤独,至少她会在那些优美的旋律中,暂时忘却这些恼人的伤痛。

沉醉了吧,她也陷入自己设下的一个梦境中,小心翼翼地憧憬不知何时才会到来的现实,不愿清醒。让她醉吧,人生不就是常常涤荡在醉生梦死间吗?

她抽身,只因为害怕再受伤害。然而经过了这么多无疾而终的爱情,她那颗心还能还原到纯真吗?就像她是一个小女孩时,对爱情充满了五颜六色的向往,我想,一定是不能够了。那里在痛,只留着几个名字,留着一些伤心的情话。

一段感情,倘若走不到光明,坚守不到未来,就只能放下。

放下,是如菩提花开般的宁静,莲花坐水般的温柔。感情有时,果真是"有如莲花不著水,也如日月不住空"。就因为它太美好,似真似幻,才让世人追随,才叫世界仰视。

而我们总能找到一个合适的角度,好好观赏自己的感情。

天下原本没有不散之筵席,一切都会过去。懂事之前,情动以后,没有比此刻更真实的存在,所有的一切,不会再好,也不会更坏。分别虽痛,也能接受。不是每个人都要像三毛那样,在爱人死后追随他的灵魂而去。三毛是被爱情杀死的,就因为荷西给的爱太甜蜜,所以一个脆弱的女人,不能容忍失去爱人的年月。

而张爱玲,虽为爱情伤透了心扉,却选择活下来。苦涩的爱情让她活着,即使只剩下一个躯壳。她说自己低到了尘埃里,然后开出花来,只是这花选错了时节,也选错了观赏对象,于是她只能暗自萎谢。

萎谢,虽有春天,却再也不会享受盛放。永远到底有多远?《霸王别姬》里的程蝶衣认为是一辈子。他是真正的"不疯魔,不成活",只想跟霸王演一辈子戏,差一个小时、一分钟都不算一辈子。

或许这就是永远吧。然而一辈子又有多长,也许没人知道了。我们来到这个世界,只有身体属于我们,却不知道生命留有多少时间,也许上天安排你明天就……就像那句话"明天和意外,你永远不知道是哪个会先来"。

当相逢的两个人有一天,其中一个骤然离去,再见面已成隔世。

相爱的时候,自有一番深情的表白,然而面对现实的沧桑,最后也只好劳燕分飞,各奔西东。但即便知道最后还是要分别,在遇见的时候,人们还会想要去爱,爱情太美好,让人不忍心苛责它一分一毫。

既然免不了离别的愁苦,那便对那个爱过的人说再见吧,用这样一首歌道尽心中的忧伤。即便以后云淡风轻的岁月中再也见不到故人,却还是如此执着地相信,爱使一切美好:

> 如果没有遇见你
> 我将会是在哪里
> 日子过得怎么样
> 人生是否要珍惜
> 也许认识某一人
> 过着平凡的日子
> 不知道会不会
> 也有爱情甜如蜜
> 任时光匆匆流去
> 我只在乎你

> 心甘情愿感染你的气息
>
> 人生几何能够得到知己
>
> 失去生命的力量也不可惜
>
> 所以我求求你别让我离开你
>
> 除了你，我不能感到一丝丝情意
>
> ……
>
> ——《我只在乎你》

都忘掉吧，爱过的、失去的，即使任时光匆匆离去，今生也只在乎那一个"他"。

都放下吧，得到的、付出的，即使此去经年，爱成绝恋，你守着孤云做伴，行迹满天涯。

此后，她是孤独的了。

而郭孔丞呢？他后来娶了一个长相酷似邓丽君的外籍女子。以后的岁月里，朝朝暮暮，望着那个"似是而非"的人，心中可有遗憾和一丝的眷恋？

此去经年，爱终成绝恋

人生因充满无数可能而美好，而不可思议，而迷人。

1990年，邓丽君旅居法国，遇到了小自己15岁的法国摄影师史蒂芬·保罗，他们一见钟情，陷入了甜蜜的爱河，保罗也是邓丽君在世上的最后一个情人。保罗是一位摄影师，热爱艺术的他一看到温婉大方的邓丽君，就深深地被她那独特的气质所吸引。

在此之前，邓丽君的好友张俐敏表示，她知道邓丽君最害怕一个人孤独地过日子，因此在她和郭孔丞分开后，曾热心地帮助邓丽君安排过三次相亲，都是香港知名商界人士，"不过对方要求她退出演艺圈，只可惜她太重视自己的表演事业，才和美好的姻缘一再错过。"

史蒂芬·保罗全名叫作史蒂芬·丹尼尔·拉斐尔·保罗。他是家中独子，父亲名叫纪勒里，居住在法国北部的诺曼第省。他原本是搞音乐创作的，因后来对摄影产生了浓厚的兴趣，于是干脆到巴黎唐人区做了一名摄影师。

移居法国后，邓丽君开始追寻内心深处的那一抹平静———直以来，她都很希望自己能过这样的生活，但早年顶着明星光环和诸多荣耀，这个希翼始终没能实现。如今，她放低姿态，低调生活，过着普通人的生活。在法国，她有意识不去同当地华人交往，朋友圈里也都是些个性单纯的人，此时与她交往最为密切的是一个叫沈云的人，此人是好友林青霞介绍认识的，经营了一家名叫"新敦煌"的酒楼。

邓丽君就是在这家酒楼，认识了法籍男友保罗。当时，保罗居住在巴黎唐人区 19 号的一间酒楼。两人的第一次交谈，竟十分融洽。邓丽君或许是好久没有遇到如此聊得来的人，顿时对眼前之人产生了好感，再后来，一段爱情故事就顺理成章了，从相识、相知到相恋，一切顺利得就像彩排好了似的。

临分别，两人互相留下对方的联系方式。不久，邓丽君需要找人拍摄一组照片，当即想到了保罗。从此，保罗就专门做了她的私人助理，负责为她拍摄照片和摄制录影带。

1992 年年初，在保罗的陪同下，邓丽君搭乘飞机返台过年，保罗第一次公开在台湾现身。媒体都很关注这个身高约一米八，扎辫子、戴耳环，有着一头黄头发的外国人，而当人们后来看到他手拎邓丽君的随身物品和大衣出现时，记者们才纷纷若有所悟：这是邓丽君的护花使者。

对于亲人的归来，邓家人自然表示了热烈的欢迎。他们认为，邓丽君之所以会找一个外国人做男友，皆是因为此前同华人男性交往受到的伤害所致——不管怎么说，这却是邓丽君几段情感经历的真实写照。

在两人的交往过程中，因保罗不过才二十三四岁，男人在这个年纪还算是一个孩子，所以保罗的性格里，多少带有一些孩子气，需要邓丽君照顾、体谅。事实上，邓丽君也确实做到了，即使当两人遇到不同意见，邓丽君也处处都在忍让他。

最初的几个月里，保罗根本不知道邓丽君就是那个大名鼎鼎的明星，所以没有带给邓丽君太多工作上的压力，这样放松的状态，似乎很适合谈恋爱，所以两人的感情一直都很好。

也许是因为此前已经历过太多次失败的感情，邓丽君对待爱情虽然依旧渴望，却没有那么多强烈的心愿，她和保罗的感情维持了五年，始终很低调。直到过世前一段时间，邓丽君也没有公开这段感情，更没有提过婚姻大事。也许，此时的她，已经不再对爱情抱有幻想，这样淡漠的态度，大概是爱过几次，累了，所以不再有过多的奢求。

又或者，她是接受了天意对于爱情所做的安排。这是一种洒脱，还是一种无奈，叫人说不清楚。

邓丽君逝世后，保罗极其痛苦，一方面是难以承受突然失去爱人的沉重打击，另一方面是因爱人死亡，无力承担媒体以及邓家人所做出的严厉指责——邓家人对保罗在邓丽君病发时不在她的身边感到非常不满；许多报纸杂志也都刊登了许多有关他的负面报道，媒体怀疑他与邓丽君的爱情，甚至有些报纸故意使用一些含糊不清的表述方式贬低他对邓丽君的感情；邓丽君的很多歌迷对保罗也持仇视态度，认为他要为偶像的突然离世负全部的责任，其中更有一些男歌迷公开发誓，要借助黑社会的势力为自己的偶像报仇雪恨。

在邓丽君过世后，保罗只惊鸿一瞥地在她的灵堂前出现了片刻，随即就因媒体的重重包围扬长而去。那天，他身穿一袭黑色衬衫和米白西装，戴着墨镜，面容苍白，手上携了数百朵红玫瑰为自己的心上人送行。

只见他默默地走到灵前，两行清泪透过墨镜掉下来。紧接着又缓缓将手伸向口袋，从里面掏出两封信，一封上写着"给我的最爱，永远的遗憾，史蒂芬·保罗"，另一封上则写着"丽君我的爱，你的离去，是我今生最大的遗憾"。继而双手合十，闭上双眼默默地哀悼片刻，点了两盏精致的蜡烛，最后轻轻放下一串粉红色的珍珠项链（这或许是两人相爱的凭证）。

邓丽君去世以后，保罗每天生活在回忆中——他在香港的生活简直就是一个行尸走肉的流浪史，或者躲在赤柱旧居避不见人，或者开车到两人拥有共同回忆的地方追悔思念，有时候干脆待在海边，一坐就是一天。

于此同时，他的内心正承受着莫大的煎熬——邓家人的冷眼相看，歌迷们的怨恨，舆论界的诋毁。他每天都顶着巨大的压力，为逝去的爱人祈祷和祝福。所谓爱情,也不过就是如此了吧。

　　当彼此尚在人间,尚且能够相知、相守,可一旦一方永别,所谓的爱情也只剩空洞的回忆。从此以后,那个爱过的人睡在冰冷的坟墓里,而我继续在人间麻木地生活。人世间有多少这样惨淡的爱情,我们的相守时限原本不是由自己决定,而要遵从上天的意愿。当它要夺走一场爱情,从不用问人,想要就拿走了。如此轻易,如此决绝。

　　这是一场沉重、可怜的离别。令人叹息,叫人心痛,却无能为力。

　　邓丽君,爱了太多次,每一次都把自己倾情奉出,但却没能获得一份圆满的爱情,也许她这样太自尊、太有主见的女人,原本就不容易获得幸福,看那些封建时代的家庭,都是女人低三下四地面对自己的男人,一切都由他们做主,而在事业上配得起她的男人,无一不希望她对他们三从四德、毕恭毕敬。

　　男人,或许就沉迷那种权威吧,所以都想找个温柔似水的女人。而邓丽君,温柔是她的表象,坚韧却是她的本质,这是一个女人的悲哀,一个早就注定了的悲剧。

　　张爱玲则不同。她表面看起来那样坚硬,从不轻易交友,总给人一种冰冷、难以靠近的印象,但其实她的内心充满了火热,她是一个极度渴望爱情的小女人。

　　遗憾的是,这两个善良到骨子里的女人,都被上天遗忘了,以至于用尽一生,终是没能遇到能够与之共度一生的那个所谓对的人。

也许，上天是公平的，给了一个女人温柔的性情，就不会给她倾城的容颜，给了她倾城的容颜，就不会给她一个真心相对的爱人，给了她一个真心相对的爱人，就不会给她一段完美的爱恋。

所以，世间总有残缺。

所以，人们总也无法满足。

不管是邓丽君，还是张爱玲，抑或是三毛，纵然都是有才华的女人，却经历了悲惨的命运。

可叹，可叹红尘里的安排，人世间的情缘。

爱人竟是如此之少，一生竟是如此的长。

然而，偏是渴望拥有一份炽热之爱的人，渴求能于红尘中，获得一份真心的缘。失去那人，难怪有痴情人言："渺万里层云，千山暮雪，只影向谁去？"

一个女人的心，一次只给一个人，如果她的男人不能与她共度一生，那便只好狠心离去，就此，让梦冬眠。

在邓丽君逝世一年后，保罗意外地接受了香港"亚视"的专访，并在电视上自曝与邓丽君的甜蜜过往。在访问中，他一再强调自己五年来同邓丽君形影不离、时刻相对。他说："自从她去世，每回听到她的歌声我都想哭，这一年里，我挣扎得好辛苦，我承认我在逃避现实，所以只能把自己锁在屋子里。除了这样，我不知道可以做什么。"当问及他对未来有何打算，他突然神情变得有些恍惚，"需要时间平复"。最后他说,"我一定会去祭拜她,但不会在她的忌日,我会选择一些没人留意的时间去,我对她的感情毋须别人的见证。"

1995年后,保罗浑浑噩噩地独自居住在香港赤柱别墅,度过了三年时光。此时,邓家人已经得知和理解了保罗的种种情况,纷纷劝他过去的都过去了,要他早点回法国,开始一段全新的生活。

1998年,保罗终于决定放下过去,打开心结,回到法国开启一段全新的人生旅程。

邓丽君的最后一段旷世奇恋也由此彻底画下休止符。只是没想到这一次的"天人永诀",竟是那个甜蜜的歌后辞别人间。

第七章
Chapter · 07

风霜伴我行：
重返荣耀

人生充满了诱惑，也充斥着各种选择。古圣贤曾说，"鱼与熊掌不可兼得"。上天总不会让一个人太过完美。邓丽君生平有三大心愿：唱歌，读书和过普通、幸福的生活。天生有着歌唱才华的她，很早就完成了第一个愿望，可是读书和像个普通女人一样结婚，却成了她倾尽一生都无法到达的彼岸。纵然此岸亦是桃红柳绿、风光无限，可有谁知道，当夜幕降临，褪下各种光环的邓丽君，那份深藏于心底的荒凉？

再返日本，重新开始

任何人来到这个世界，都不会是专程为了享福，身为明星，注定要承担更多。在声名显赫、光环围绕的巨大荣誉背后，有许多暗潮涌动的抨击和诽谤——媒体依靠他们而活，不断地追踪、报道，使明星的生活基本没有隐私可言。

明星们，在承受巨大压力的情况下，必须专注于发展自己的事业。

对于邓丽君来说，"假护照风波"使她精力透支，精神憔悴。但一颗注定要夺目闪耀的星，怎会因为乌云的遮蔽就从此掩盖光辉？

1983年2月，有了在美国的华丽转身，邓丽君在日本唱片公司的经纪人西田裕司专程来到新加坡（邓丽君的旅居地），为她在日本的复出安排一系列活动。

邓丽君可以重振日本唱片业，这是西田所坚定不移的，但他所在的金牛宫唱片公司的其他人却不这样认为。甚至有些人放言："如果邓丽君的唱片能畅销，他就当众表演倒立给大家看。"

实际上，自"假护照风波"发生后，邓丽君再没有进入日本境内，更不用说发行新唱片，举办演唱会了。

西田在受命担任邓丽君的经纪人之前，曾在香港红磡看了一场邓丽君的演唱会。台上那个女人笑容甜美、举止优雅，一颦一笑都带着真诚，使他恍惚间感觉眼前之人再也不是从前那个性情单纯的泰丽莎·邓，一个歌手应有的演唱技巧、对待演唱事业的威严姿态以及一种特有风情的女性美，在她的身上得到完美的呈现，竟使"这颗星越发的光明璀璨"。

当即，西田对做邓丽君的经纪人充满了无限信心。

新加坡正值2月。别处想必大雪弥漫，风霜参半，可这里桃红柳绿，春风吹度，俨然一片世外桃源。

置身于这样优美的景色中，西田的心情也变得清爽透明了。他将厚重的羽绒服脱下，换上单薄的短袖衬衫，坐在酒店大厅的长椅上不安地等待着，那个接下来或可有重要合作的魅力之星。

远处，"嗒、嗒、嗒"细脚高跟鞋子触地的声响由远及近，西田抬头循着声音望去，果然，邓丽君带着甜蜜的笑容翩然而至。

她还是那么爱笑，平易近人。

倒是很久都没有与她相见的西田，一下子突然变得有些拘谨起来。

西田裕司曾在自己所著的《美丽与孤独：与邓丽君一起走过的日子》一书中，详细记载了以上两人相见的真实场景：

1983年2月。某天,我在酒店大厅里,等候邓丽君的到来。为了安排她今后在日本的活动,我专程来到当时邓丽君旅居的新加坡。日本这时正是隆冬,我需要一些时间,才能适应新加坡闷热的天气。本来穿着毛衣、大衣,突然换了短袖衬衣,虽然觉得无拘无束,但那种怪怪的感觉,一时还不太习惯。邓丽君工作时很守时。这一天,她几乎是准时地翩然而至。她轻移玉步,有节奏地向我走过来……

"你看,我剪了头发,好看吗?"走近的邓丽君依旧笑着,灵巧地撩动她的秀发,适时打破了沉默的尴尬。

西田这才注意到,她新换了一个齐肩的发型,配上那张圆圆的娃娃脸,一抹清纯、可爱的少女气息扑面而来。

"哦,真的很好看。"西田说。

"我第一次剪得这么短。"

他们开始随意地交谈,邓丽君那亲切又甜美的笑容给西田留下了深刻的印象,他一下子放松了好多。

"新加坡的春天可真美。"他突然望着酒店外的天空,轻轻地赞叹。

"是啊,我喜欢这里。你饿了吗?我们一起去吃饭吧。"

说着,两人结伴去了酒店里的寿司店。吃饭的过程中,邓丽君告诉西田,这次在日本复出,她很想在"劲歌舞台"演出。

"劲歌舞台"是日本富士电视台正在播放的一档大型节目,只有当红的歌手才有资格上节目演唱。邓丽君想要在日本再次发光发热,因此很希望自己可以上这档节目。

听了邓丽君的提议,西田认真地思考了一下,"我会尽力让你上的。"他说。

当时,整个日本唱片业已经鲜有人想要再做邓丽君的唱片,甚至有些公司把邓丽君以前发行的唱片摆在柜子里,尘封了好几年,连看都不屑看一眼。而日本的各大电台和电视台,即使是那些籍籍无名的唱片公司都不把邓丽君放在眼里,更不用说派人邀请她上节目。由此可想,西田在做这样的决定时,一定下了很大的决心。

然而,邓丽君因为很久没有去日本,她不清楚那边的情况,听到西田先生答应帮助自己,立即变得异常兴奋,"西田先生,你喜欢什么运动?"

"我喜欢的体育项目很多,现在,我倒想游泳。"

"好,明天一起去游泳吧。请您明天10点给我打电话。"

几年前,邓丽君在新加坡购置了一处公寓。公寓内有一个美丽的花园,绿草如茵,花园中央有个面积不大的椭圆形游泳池。

这一天,西田如约来到邓丽君家中。他们打算在这里游上一天。

春风和煦,鸟语花香。蓝色的水摇碎一池阳光。

邓丽君穿了一身蓝色碎花泳衣,一来到泳池边便立即纵身跳了下去,此时正在水中尽情地舒展。西田看到这样美好的景象,像是在欣赏一幅优美的风景，忽然，他对不远处的邓丽君问道："我为你拍张照片吧？"

让他意外的是，邓丽君没有立即答应，而是带着有些诧异的表情问道："为什么要拍呢？"

"寄回到日本去。你的游泳照片是很难拍到的。"

"那我先去化妆，好吗？"

"不用了。"西田说，"这样的你已经够美啦。"邓丽君原本就是天生丽质，此时不上淡妆的她，更有一种难得的清纯。

"咔嚓"一声，邓丽君甜美的笑容永远地留存在西田手持的相机里。也就是在这一声有力的快门声中，邓丽君与西田拉开了彼此合作的序幕。

然而，虽然两人都做好了共同面对艰辛的心理准备，邓丽君在日本的发展之路却始终不太顺利。西田为了推广她，找了很多电视媒体谈合作，但对方一听来者是邓丽君，都纷纷中止了谈话。

而西田所在的唱片公司，对待邓丽君也是同样的冷淡，甚至有人说："反正她的唱片也卖不出去，我们何必在这样的歌手身上投资呢，那不是花冤枉钱吗？"听到这样的话，西田心里自然感觉很受伤。

他依然相信邓丽君是一个有魅力的歌手，但想要引起听众的关注和支持，必须依靠唱片公司的重度推广，但眼下，看看同事们对待她的态度，他太清楚以后的路是如何艰难了。再加上，唱片的销量一直都不好，几乎没有市场。

西田为此感到苦闷。

一天，他回到家中打开电视，看到一个名为"儿童展歌喉"的电视节目。这档节目主要是为小朋友提供一个演唱的舞台。

"为什么不让我的女儿报名参加这档节目，然后在舞台上演唱邓丽君的歌曲呢？"西田突然灵机一动。

当时，西田的女儿只有6岁，正在读一年级。小女孩虽然长得活泼可爱，但平时却很少唱歌，也不怎么喜欢唱歌。但为了帮助推广邓丽君，西田目前只有让女儿去电视台试一试了。

就这样，节目播出的这一天，一个长相可爱的小女孩，站在录像机前奶声奶气地，为大家演绎了一首邓丽君的《偿还》。

她那么可爱，站在台上的样子也惹人怜爱，直逗得台下的现场观众哈哈大笑，连在一旁的节目主持人都忍俊不禁。

表演完毕，按照节目的惯例，表演嘉宾都必须接受主持人的采访。

一个拿麦克风的主持人来到小西田面前，笑着问她说："你几岁了？"

"6岁。"小女孩奶声奶气地回答，逗得主持人又忍不住笑了起来。

"爸爸是做什么工作的呢？"

"他负责邓丽君的。"

听到这个有些牵强的回答，现场又忍不住一阵大笑。孩子的天真可爱为大家留下了深刻的印象，同时也客观地为邓丽君做了一个很到位的宣传。

间接的亮相，也使邓丽君重新走进广大日本听众的心中，但这离西田二人所期待的成功，还有一段艰难的路要走。

于是，他们将目标放到了另外一档名叫"我们是搞笑一族"的节目。这档节目在日本具有极高的收视率，其中的一个环节叫作"搞笑十大金曲"，与其他的歌曲节目不同，这个环节是由一些长相有些搞笑的人根据原唱歌曲进行滑稽可笑的表演，参演的人只负责舞蹈部分，而音乐则需播放原唱。

这就是为什么西田会选择这档节目的最终原因：他很清楚，在当前的情况下，只有让听众更频繁地去接触邓丽君的歌曲，大家才有机会记住唱歌的人。

经过一番努力的沟通，"搞笑十大金曲"的节目主持人，最终将邓丽君的一首歌曲收录其中，负责扮演邓丽君的则是相声《三郎与四郎》的主角桑宝，他本人胖胖的，配上邓丽君甜美的声音，别有一番搞笑的味道。

看了电视节目的邓丽君，也不由得被演员的滑稽表演逗笑了，她找到西田先生，"谢谢你，西田先生，让你费心了。"

事实证明，桑宝的演出效果确实很好。很快，电视台节目的主持人将邓丽君的另外两首歌曲《爱人》和《任时光在身旁流逝》也一同选进了节目，依旧获得了不错的效果。

后来，节目干脆将邓丽君本人邀请到节目现场做客。

在她和西田的共同努力之下，邓丽君在日本的演唱事业，终于露出了一线曙光。

1984年，邓丽君趁势推出《偿还》专辑，一经推出，就立即打入日本唱片流行榜"日本有线放送流行榜"，而且以优异的成绩占据榜首长达一年，刷新了日本乐坛的纪录。后来，这张唱片累积销量更是高达150万张。

    沉默的嘴唇

    还留着泪痕

    这不是胭脂红粉

    可掩饰的伤痕

    破碎的心灵

    流失了多少的情

    弥补的谎言

    偿还的借口

    我不会去当真

    爱的心路旅程

    只能够你我两个人

不可能是我独徘徊

也不可能三人行

你可以去找新的恋情

也可以不留一点音讯

但不要用偿还做借口

再让我伤心

——《偿还》

《偿还》专辑还使邓丽君获得"年度最受欢迎歌曲奖"等诸多名誉。这一年,邓丽君是继欧阳菲菲之后,中国第二个赢得日本 TBS 电视台的年度"有线放送大赏"的女歌手。

想要在日本重获风光的邓丽君和西田成功了。此时,西田按捺不住激动的心情给邓丽君打去电话,盛情邀请她到日本做节目。

接到电话,邓丽君只说了一个字——"NO"。这个回答让西田感到意外,凭他对邓丽君的了解,她一定是遇到了难事。

当时,邓丽君虽然打算在日本发展,但并没有长居于此。没有演出时,她一直都居住在洛杉矶。

放下电话,心情有些沉重的西田作了一个决定,马上飞到洛杉矶,找邓丽君当面问个清楚。

回归歌坛,事业为重

如果我现在问你:"你在哪个时段最容易获得快乐呢?"

我想,大部分的人都容易想到童年。那段岁月,我们都是一些不经人事的孩童,天真、活泼,开心了放声大笑,难过了埋头痛哭,日子过得肆无忌惮,做人做得潇洒随意,虽然那时候我们不懂得什么叫作肆无忌惮,什么叫作潇洒随意。

随着时光的流逝,我们都无可避免地长大成人。是在成年以后才懂得,人世间的许多无奈。为了生活,为了拥有一个灿烂的明天,我们每个人不得不打起精神,认真拼搏。

不知在何时,忙碌成为我们成长过程中的代名词。一天之中,从早到晚,我们像个被人上了发条的机器,不停地向前奔跑,却开始怀疑,前面是否有自己一直期待的美好未来。我们开始怀疑人生,怀疑自己的选择,当我们想要释放自我,忽然会觉得这个世界很冷漠。

只有在深邃的夜晚,抬头仰望头顶那片光辉璀璨的星空时,才能无所顾忌地说出一直深藏在心底的话,安慰自己说:"一切都会好起来。"

西田已经明确感觉出,邓丽君已经厌烦了日本。

这一趟风尘仆仆,他完全没有第一次来寻邓丽君的心情,虽然那一次也是带着一种忐忑不安,但至少懂得邓丽君是有目标的人。这一次,他只想弄清楚——她到底遇到了什么。

多年在日本的打拼,忙通告、上电台做客、布置演唱会,已经使邓丽君感到心力交瘁。在时光无情的洪流中,她俨然已经来到人生的另外一个重要阶段。

不管歌唱事业做的多么风生水起,在骨子里她毕竟还是一个女人,一个渴望得到爱,得到关怀的小女人。

女人,是否天生就比男人需要更多的关怀和疼爱呢?就像易碎的玻璃瓶,总期待能够在这滚滚红尘,有缘得遇一生的真爱,从此甘为人妻,为另一个人的人生疯狂。

知道西田要来,邓丽君早早地便在洛杉矶的机场等候。刚下飞机,西田远远看到邓丽君在微笑着朝自己招手。

他们一路走着,他很仔细、用心地捕捉着她脸上的神情,却没有发现她的身旁还站了另外两个陌生人。

大概是因为不是单独见面,邓丽君只同他简单地打了个招呼,就急急忙忙地走掉了。

两人第二次见面已经是第二天的晚餐时间。

席间，邓丽君都是和大家有说有笑，看上去一副开心的样子，她跟大家说洛杉矶这边的天气、街道和服装潮流，直到西田将话题转移到唱歌时，邓丽君脸上的微笑立即不见了，只淡淡地回了一句："我很累了，想休息一段时间。"

就在西田感到迷惑不解的时候，邓丽君又补充了一句，"对不起，西田先生，从明天开始，有关工作的事情就请您和刘先生谈吧。"邓丽君所说的这位刘先生就是当天陪同她一同前来接待西田的那个税务师查理士·刘。

西田听到这句话，内心感到无比沉重。他知道，邓丽君此时正沉浸在一段美好的恋情中。站在一个女人的角度上想，西田同情邓丽君。女人最终还是要回归到家庭中去的，纵然她需要一份光辉灿烂的事业，但这个世界，除了一个男人宽厚、温暖的臂膀和一个充满温馨、欢乐的家，还有其他哪样能更能吸引一个女人呢？

这也许就是女人的天性。

想到这里，西田忍不住长长地叹了一口气："原来，她把我引来洛杉矶，就是要亲口给我一个交代，让我知道她是真的打算跟过去告别。"

可是，"既来之，则安之"。西田并不打算就此放弃劝说邓丽君去日本发展的打算，第二天一早，他就按照邓丽君的要求，来到位于洛杉矶比佛利街道的某大楼前，几分钟后，他敲响了邓丽君的美国律师丁·古柏的办公室。

说明来意之后，这位美国绅士怀着淡淡的歉意对西田说："对不起，西田先生，邓小姐说她不去日本了，"稍微停顿了一两分钟，他又接着说道，"为她的健康着想，她不能接受那么高密度的行程安排，不能再和日本的公司签约了，请您务必谅解。"

"而且，她此前已经在东南亚地区出了数量很大的一批唱片，目前这些唱片的版税问题，都还没有解决。"

"可是，她的歌好不容易才上了日本歌坛的金曲榜，在这个关键阶段放弃如日中天的事业，实在是太可惜了。"西田万分紧张地劝说律师，额头上渐渐渗出了细密的汗珠——当时他的唱片公司正面临困难，而一想到邓丽君拒绝再合作，这无疑等于雪上加霜，怎能令他不担忧？"日本方面的版税，我可以保证不会出一点儿问题。"

美国律师没有想到，接下来的三个小时全部变成了西田的个人演讲。他并不擅长说英文，但为了成功说服邓丽君前往日本发展，此时已经累到筋疲力尽的他还是在认真地解释着。更多细密的汗水从他的额头流淌下来，他的嗓子越来越干，却丝毫没有停下来的意思。

"实际上，丁·古柏先生，我们和邓小姐的合作是完全没有书面协议的，就只依靠双方彼此的信用，如果邓小姐信不过我和公司，就不会展开合作了。"西田继续说。

这句话让美国律师大吃一惊，他有些好奇地问道："你们也是讲求人情的吗?"

看到对方似乎终于有了一点被自己打动的迹象,西田极有信心地重重地点了一下头。

"这样吧,西田先生,您跟邓小姐直接联系吧,也许,她会考虑接受您的邀请。"

听到这句话,西田顿时喜出望外。他兴奋地走出办公室,此后几天一直在酒店等待邓丽君的电话。

等待是漫长的,没有一个人在面对等待时,可以做到心情平静。

白昼交替三次之后,西田的心情从最初的期待变得焦躁不安。他不停地在酒店自己的房间里踱着步子,时不时地望着放在桌头的电话,只可惜,他一心等待的那个异常重要的电话,始终都没响起。

这一天,是他来到洛杉矶的第七天,西田因为心情糟糕,已经对看上去花花绿绿但却没有一点实用营养的美国西餐感到无比地厌倦,特别是当他前几天试图与邓丽君取得联系,但却意料之中遭到对方助手的回绝后。

然而,就在他想要放弃之时,电话突然响起,他怀着激动的心情飞快地跑到床边拿起电话,话筒里果然传来那个期待已久的甜蜜声线:"西田先生,我很抱歉,您还是回去吧,我真的不能去日本。我也是女人,要考虑包括结婚、生孩子在内的终身大事。我虽然不能因此就这样退出歌坛,但也不想做太紧张的工作了,我想过轻松、悠闲的生活。"

西田这时才知道,邓丽君"君心"已定,但他还是不能轻易就放弃他们曾共同努力打拼来的事业,何况他这次来洛杉矶是带着一项必须完成的任务。想到这里,一个铁骨铮铮的男人不禁流下了滚烫的热泪,当然这些邓丽君是无法看到的,但她完全可以听到他那有些哽咽的声音:"邓小姐,我很理解你,我觉得我要再接着劝你,我就是一个罪人了,可是邓小姐,我们公司所有的同事都在等着你的消息,从早到晚痴痴地等,你如果不去日本,我便只能守在这里,我可以不吃饭、不睡觉,直到你点头为止……"他说不下去了,眼泪终于夺眶而出,西田已经泣不成声。

电话那端,邓丽君陷入长久地沉默,当说话声再次响起的时候,邓丽君轻轻地说:"我明白了,我去。"

西田顿时愣在原地:"您是说要去日本了吗?"他简直不敢相信自己的耳朵。

"是的,去日本,你不要哭了,我答应你。"

对于以上有些强人所难的行径,西田的书中也有涉略:

邓丽君被我从洛杉矶硬拉回日本时,这种恶劣待遇更令人怵目。她当时虽然不想来日本,但最后终于被我说服了。她带了一名女助手同来。机场出闸口的门一开,邓丽君和助手两人走了出来。邓丽君大概认为，日本方面既然这样苦口婆心、盛意满盈，自己也不好再推搪。她分明是收拾了心情，立志再干一番事业，才会再到日本来的。不料，迎接她们的，只有我和匆匆赶来的一个年轻同事。我直到现在还忘不了邓丽君当时的神态。当她知道只有我们两人接机时，显得十分失望。她肯定很伤心：既然这样苦苦哀求硬把我拉来日本；我来了，竟然受到这样的冷遇。我和她每次重逢都是笑脸相迎，只有这一次，邓丽君几乎一句话也不说。哪怕租辆车也好，但我们这时候也只能乘计程车。记得在邓丽君复出的第一年，预算少得可怜，我们连车也租不起。现在今非昔比了，但仍然要坐计程车。我和另一位同事提起邓丽君的行李，装进计程车的后厢。座位挤了四人，几乎不能动弹。我坐在后排，在邓丽君身旁。'只上两次电视吧。'邓丽君这样说，像是为了确认。她已强调了好几次，没有体力去应付太紧张的工作日程。对邓丽君来说，她不是为那些虚张声势的宣传活动而唱的，她只愿意为自己的快乐而唱。但实际上，这次我编排的行程也相当紧张。在开往东京的计程车里，邓丽君突然说：'糟糕，歌词都忘光了。'我当时只考虑这会影响唱片的推介，好像对她说了相当严厉的话。看来她是太紧张了。

  但不管怎样，邓丽君已然作出了自己的选择，即使，这个选择对她来说，太沉重。她不是不清楚，面对选择，非A即B，此刻一旦她选择去日本继续发展,一些珍贵的东西,她将再无拥有的可能。

但她还是来了日本。

到日本以后,邓丽君积极投入公司安排的工作中,在大家的共同努力之下,有线电视台的排名、唱片的销售情况,都在朝着令人满意的进度发展。

邓丽君属于那种"既来之,则安之"的人,她的性格使她懂得,既然来了,就不能无功而返——这一次重返日本,她就要夺回曾属于自己的荣耀。

1985年,单曲《爱人》发行。

此时邓丽君已经32岁,生活给了她更多的阅历,掌握了更多除了唱歌技巧外的情感表达,何况她对待事业一直都很用心。唱片一上市,竟比前一年的《偿还》更加畅销,在日本当地的"有线放送排行榜"上连续夺得15周冠军。

日本NHK电视台主办的年度歌唱比赛节目——"红白歌唱对抗赛",拥有极高的收视率,并且受众范围也十分广泛。"红白大赛"分为男生队和女生队,两两对抗,虽然是竞赛的性质,但确以团队计分,从不看个人成绩,节目强调的是热闹的气氛,邀请对象都是当年最红的歌手。

当时,邓丽君已经在日本发展多年,虽然屡屡夺得各项大奖,但却从未被邀请参演"红白对抗"。《爱人》专辑的疯狂热销,最终使她获得了该电视节目导演的热情邀请。

在1985年12月31日的这期节目中，邓丽君被安排于第三个出场。

节目开始，现场早就有很多她的歌迷在屏息等待。终于，主持人报幕，"下面将为大家演出的是，来自中国台湾的邓丽君。"

在众多观众的翘首以盼下，邓丽君穿着妃色的汉裙，披着飘逸的云肩，扮作杨玉环亮相台前。那一刻，所有的星光都黯淡了，整个演出场地变得异常安静。《爱人》的悠扬旋律缓缓地在空气中响起、升腾，直抵每个人的灵魂深处。

"她真是太美了。"台下观众群中有人忍不住赞叹。

曾经想过真不愿这样

毫无理由被你惑

再也不愿多说

为什么我是如此的冷落

午夜的烟火燃烧后

悄悄被黑夜吞没

不再闪烁没有热情

变成了冰河

请爱着我

请再爱着我

用你的温柔和承诺

> 我要向人们述说
>
> 沉默不再跟着我
>
> ……
>
> ——《爱人》

台上布景已是美轮美奂，台上的佳人朱颜粉腮，举手投足皆是迷人景色，何况歌声如此悠扬，悠远宛如天籁。

邓丽君的优雅气质，让人沉醉。

1986年，邓丽君发行《时光自身畔流逝》（中文版本叫作《我只在乎你》）一举赢得全日本"有线放送大奖"，从此缔造日本音乐流行音乐历史上"三连霸"的神话纪录。同年底，邓丽君第二次受邀参加"红白对抗大赛"，《时光自身畔流逝》畅销数量高达200万张。邓丽君终于再次成功红遍日本的大街小巷。

但此时，却有一条流言从天而降，响彻整个流行音乐乐坛，"邓丽君将有隐退打算。"

1987年后，虽然邓丽君仍旧穿梭于中国港台地区和日本等地进行演出，但她的商业演出却呈现出逐年减少的态势，而她整个人则呈现出半隐退状态，媒体对她的评价是"行踪神秘"。

到了1988年，邓丽君更是长期定居在香港，很少在台湾露面演出了。

第八章
Chapter·08
月亮代表我的心：
一个华丽的转身

也许,终有一天,我们都有感到疲倦的时候。你曾经最喜欢的事业,你曾经最在意的爱人。你曾经最想要的生活。只是这些,不一定都能获得。对于邓丽君来说,她燃烧了青春,奋斗了流年,只得到了辉煌的歌唱事业。很多年,当优美的旋律在耳边响起,她都感觉自己是充足、幸福的。但终有一天,她连舞台都放弃掉,想要珍惜剩下的时光,好好地享受自我。尽管一代歌手谢幕的姿态有些苍凉,但却注定是一个华丽的转身。

渴望平凡，隐居法国

时光荏苒，转眼就来到20世纪90年代。随着两岸开放探亲，每年有越来越多的台湾人开始前往大陆，两岸人民的交流越发频繁，两岸关系也逐渐趋于缓和。当时，邓丽君的歌声早已传遍大江南北，但她却还没有真正踏足大陆一步。为此，大陆很想请邓丽君前来举行几场演唱会。

1989年，甚至市面上有人传出日本NHK公司已经在秘密筹划邓丽君在北京天安门广场的跨年晚会。愿望是美好的，然而很快，这个谣言就被邓丽君的弟弟邓长禧亲口证实，这只是一个误传。

其实，按照邓丽君的性格，在结束了自己15周年巡回演唱会后，她的确曾有到大陆举办演唱会的打算，因她心中时刻向往更宽广的舞台，而大陆无疑是当前的最佳选择，所选择的地点恰恰就是北京天安门广场。她精心策划，打算以敦煌壁画为背景，再结合中国古典四大美女图像，为大陆的观众打造一场别开生面的演唱会，但这个计划却最终还是搁浅了。从此，在天安门广场举行自己的演唱会，成为邓丽君深感遗憾的一个梦想。

也许是没能实现梦想，使她心灰意懒，也许是数十年为工作而辛劳忙碌，使她厌倦了漂泊的生活，她竟在这样一个机缘巧合下，重拾自己当初渴望过平静生活的愿望，在法国购置了房产，过起了隐居的生活。

最开始到法国居住的那段时期，邓丽君并没有获得理想中的那种轻松。对一个名声在外的当红歌手来说，在自己事业最巅峰、最辉煌的时段，不去继续打拼未来，反而找个地方躲避起来，这显然会引起媒体和大众的胡乱猜疑。

因此，各种有关邓丽君的小道消息倾巢而出，纷纷对准了她。流言四起，竟然还有人散步邓丽君已在法国病故的荒唐消息，甚至传言邓丽君已经身患艾滋病。

作为一个知名歌手，邓丽君不是第一次面对这些荒唐的谣言。从业多年，她显然已经掌握了一些同媒体打交道的方式。虽然这些谣言令一心想要在法国隐居的她心中不快，但为了声誉考虑，她还是在日本成田机场召开记者会，专门进行辟谣。

明星和媒体之间到底是何种关系？明星想要成为真正意义上的大人物，需要知名度，这就必须依赖媒体对其进行采访，并向外传播和发散消息。但媒体并不单单是为明星服务而呈现在这个世界的，他们也要维护自身的利益，比如适当时机爆料一些明星的负面新闻，或者制造一些娱乐性话题，这些，都是媒体引起公众关注的常见手段。

但无论如何，媒体和明星彼此相互依靠，共同存亡，这是百分之百可以肯定的。

由于邓丽君亲自出面，那些有关她的负面消息自然也就不攻而破。

此后半年，邓丽君在法国度过了一段比较平静的时光，这大概是她这一生最快乐的一段时光了。事业已经做得风生水起，虽然尚未得到自己想要的幸福，但为歌唱事业作出牺牲，当初也全是自己的意愿。一个人，最难得的，就是不管面对如何艰难的选择，始终能够倾听自己内心深处的声音。邓丽君便是这样。所以，这一路走来虽风尘仆仆，却也坦坦荡荡，问心无愧。

1990年5月9日，这一天，邓丽君的父亲过世的噩耗从台湾老家传来，邓丽君悲痛万分。但由于种种原因，她并没有及时回家参加父亲的葬礼。这件事对媒体来说，又是一次难得的制造娱乐新闻的绝好时机——才被邓丽君辟除的谣言，此刻又聚集到一起，来势汹汹。

父亲去世已令她感到心力交瘁，而此刻媒体的"无耻"行径更让她感到无可奈何。这一次，她没有召开任何一场会议进行辟谣，也许，勤奋如邓丽君者，面对艰难的人世，也会感到辛劳，也会感到厌倦，也很想找一个悠闲的地方，好好地享受自我，享受人生。

直到9月初，邓丽君突然接受香港无线电视台慈善节目《星光熠熠耀保良》的邀请，从法国搭乘飞机前往中国香港，为这场演出进录音间练唱，并接受香港媒体访问，严厉驳斥那些"不负责任的报道"。她对着摄像机反复强调自己的健康情况良好，只是因为听到父亲去世的噩耗，深受打击，所以才在法国病倒了一阵子，不适合长途飞行，这才没能及时赶回台湾，送父亲最后一程。

没能亲眼见到父亲的最后一面，这是邓丽君此生最大的遗憾。

其实，邓丽君早有退隐之心。多年的劳碌使她身心俱疲，而眼看自己将要步入不惑之年，却依旧没能得到梦想中的生活，终是她的遗憾之事。

或许，当她独居法国，在那样一个充满浪漫主义气息的国度，看着街头的那一对对姿态亲昵的情侣，午夜梦回时分，回想起自己年轻时候的几段感情，会暗自神伤，深深惋惜吧。

对于一个女人来说，还有什么比倾尽一生都无法获得一份圆满的爱情更加悲惨的事情呢？贾宝玉曾言，女儿都是水做的。它那么清澈透亮，却没有人愿意来舀来品尝，没有人愿意分享它的美，只叫这无情的时光任意揉虐，最后变成一股浊气，消失于天地间。

这是她的宿命，也是红尘中的一份遗憾。

这是上天欠她的一个完满，也是她走完一生所发的忏悔。

如果人生可以再重来一次，她当做如何选择呢？

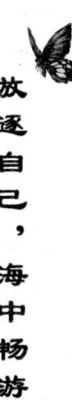

放逐自己,海中畅游

《星光熠熠耀保良》演出结束后,邓丽君没有在中国香港停留太久,便立即飞往英国录制新唱片。

香港曾是萦绕邓丽君心头的一座城。如今,此去经年,多少繁华不再,她对香港的这份眷恋之情却是一直未曾改变。连在这里接受采访,话题都充满了暖色调,她曾畅谈自己对事业、家庭和婚姻的看法:"经过二十多年的演唱,此时希望稍微停下来,过宁静、平淡的生活,把以前的日子留作美好的回忆。"

谈到自己最喜欢的歌唱事业时,她说,"以前只是唱歌,不懂注重音乐修养,对幕后制作所知有限,直到近年空闲起来,才注意到这方面的贫乏,个人作品不够完美,便希望努力学习,充实自己,追求音乐完美境界,唱片要做到最好才会推出。另外,我还希望自己能够在闲时,学习一下法文,听听音乐,周游列国",并"试着学点医学,每周游泳三次"。

席间,有记者问起邓丽君在法国的生活安排,邓丽君笑着回说,"在法国的生活很快乐。"

事实证明，她每次面对记者都是真心吐露，这次的周游列国也付诸了实际行动。

难以想象，这样一个长相甜美、个性乖巧的公主级人物，竟会跟自己的好友一同尝试裸泳——不同于邓丽君，林青霞的长相虽也清秀可人，但她其实骨子里有些男子汉的气质，从她饰演的那些经典角色就可看出，比如东方不败。要说林青霞喜欢裸泳，那也是有证据的。早在 1989 年，她曾与当时的男友秦汉一同游历法国，两人大胆地在海边拍摄了一组裸照。

次年 8 月份，林青霞盛情邀请邓丽君前往坎城蔚蓝海岸进行长泳。那一天，风和日丽，海风一阵阵轻轻地吹打在裸露的皮肤上，两人浸泡在水中，望着远方蓝色的海帆，白色的海岸，心中甚感欢喜。

她们是认识许久的好姐妹了。林青霞喜欢邓丽君的温柔贤淑，邓丽君则独爱林青霞的善解人意。在这样一个美好的天气下，更难得身边还有知心人，两姐妹玩的很开心。但很快，林青霞对海边戏水就失去了兴趣，她笑着建议邓丽君干脆一起裸泳。

邓丽君抬头向着海边瞧去，看到汹涌如潮水般的人群，她不禁面带难色地对林青霞摇摇头。可是林青霞故意不依不饶，缠着邓丽君同她一起做这项疯狂的行为——说着，她自己先轻快地褪去身上的衣服，一头扎进海水里。

远处，阳光洒在海面，波光粼粼，瞬间将海面变成一个璀璨人间。就在这似真似幻的情景中，远远地，邓丽君看到林青霞像一条美人鱼一样在水中优哉游哉，不亦乐乎。她突然问自己，"这不是我一直渴求的自由吗？"渐渐地，她看着看着，竟有些入神了。

　　接着，她做出一个连自己都无法想象的举动，她跟随林青霞来到一处人烟较少的地方，褪去种种束缚，全身心地享受起在水中的美好时光。那一刻，海风清凉人清爽，望着远处波光粼粼的水面，她已经完全忘却了人间的疾苦。

　　多年以后，林青霞回忆起这段往事，总不免心疼，"丽君与我都是公众人物，当公众人物的这十几年，一直在压力、约束下过着没有自我的日子，裸泳让我有完全解放的感觉，简直轻松、自在、快乐极了。"

　　她们甚至在海边拍了裸泳照片留念，听到快门的"咔嚓"一声响起来，两个人都相视，爽朗地大笑起来，那一刻，多年的压力终得到完美地释放。

　　电影《纵横四海》里，来到坎城的"周润发"面对这一片碧波荡漾的大海，大声地呼唤着，"青霞，丽君……"一旁的"张国荣"不明所以，立即问他，"你在喊什么？""周润发"笑答，"我在看林青霞和邓丽君在不在啊？她们当初在坎城的时候经常来裸泳的。"

　　这一段曾一度让我又再怀念起邓丽君。

　　1990年，邓丽君已经37岁了，对于一段人生来说，不管男女，这个年龄都不算年轻了。可此时的她仍旧孑然一身。

记者在采访她时,她的脸上竟没有丝毫担心与不快:"我一向重视家庭生活,也考虑过结婚的问题,只是仍未找到理想的结婚对象,而且年纪也未到。"

邓丽君认为,"适当婚龄应该在40岁以后"。

也许是年少时,经过了那么多刻骨铭心的恋情,每一段,她都倾心珍惜,但上天却总不肯成全她的好姻缘。她知道,爱情对于一个女人来说非常重要,可以让她变得心情美丽,青春焕发。但此时此刻,已经人到中年的邓丽君,在经历了那么多世事沧桑后,已经拥有了一颗强大的内心和一番通透的爱情理念。她一再对记者强调,"目前没有爱情滋润,但心情不错"。

也许,在法国生活的这些年,每天耳濡目染都是先进的西方文化,她已于无形中脱胎换骨,化身为一个更加懂得珍惜爱情的睿智女人。

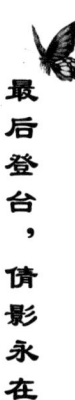

最后登台，倩影永在

我们每个降生到这个世界的人，在生命最后一刻到来之前，都不会知道自己将于何地，在何时死去。生命是这样一场未知的旅行，我们无法计算自己将到达怎样的终点，所以便尽心去欣赏这沿途的美景。

春光无限，三月莺莺燕燕。

想要唱歌的邓丽君，早已拥有了自己对事业的终极追求。

1991年2月，久别歌坛已经数年有余的邓丽君来到日本发行单曲，次月赶往中国台湾赴金门义演，7月又接连在日本、中国香港等地亮相，她春风满面，喜上眉梢，原来是有了一位法国男友，这也是她生平最后一段恋情。

但不管怎样，重获爱情滋润的邓丽君，似乎又找回了久违的信心与活力，整个人焕然一新，意气风发。

而此时，日本歌迷仍然对她充满了期待，当年风靡全日本的"红白歌唱战"再次邀请她参演，这也是她第三次加入。

1992年，邓丽君参加了很多场慈善演出，先后穿梭于法国巴黎、日本广岛等地，12月推出《难忘的Teresa Teng》专辑，这是她此生的最后一张国语专辑。

1993年3月，邓丽君回到台湾，回到久违的家乡，她的心情隐隐怀着一份激动。也许是因为见到了日思夜想的故乡，邓丽君此次竟有空闲时间接受了电台媒体的访问。

媒体首先问到她这些年在国外的生活状况。邓丽君坦言每天的安排都很随意，为的是最大化使自己过得悠闲一些。比较出乎意料的是，她竟然坦诚喜欢医学方面的东西，并称以后若有机会接触，会想要学习中国的针灸术。

对于邓丽君事业方面的事情，是很多邓丽君的歌迷想要知道的消息。邓丽君说自己出道太早，13岁的年纪别人都还是天真无邪、受尽父母宠爱的孩子，但她却早早就站在了表演的舞台，所以想要早点休息。但她一再表示自己只是放弃了娱乐性质的演唱，但对音乐的热爱是伴随其终生的。并且日常的生活中也都很注意保养嗓子，会在饮食方面进行较为严格的控制，加上每周都要在家中吊几次嗓子，也算保持有方了。

邓丽君的感情生活是媒体们最关心的话题。邓丽君听到这样的问题时，虽有心理准备，但还是猝不及防，在面对记者和镜头的时候不好意思地笑了，她笑谈自己有很多男朋友（当然这是开玩笑的说法，有些自我调侃的意味），但若要说到结婚那就必须依靠上天的缘分。她甚至提到了古代的婚姻制度，借此表达自己认为婚姻似乎已经不是一项必须完成的重要形式。基于此，笑对记者坦言自己目前的打算是想回到学校多学一点东西。最后她说结婚的事情还是打算放到40岁以后再去考虑——这一年她刚满39岁，还差一岁。

  回首往事，25年光阴似一瞬间。在外人看来，邓丽君一路的星途虽然有波折但也算坦荡，收获了众多荣誉、鲜花和掌声。她的风采已然传遍神州大地，她的英名将永久被记录于历史。可是邓丽君却笑言有另一番感慨，从业这么多年来，每次登台面对上万观众，大家的掌声让她深受鼓舞，她一直都很享受站在舞台上的感觉，镁光灯、漂亮衣服，都使她迷幻，感觉自己像鲜花一样被包围、被赞叹。可是当歌舞结束，舞台谢幕，置身于一片沉寂，寂寞便油然而生，那是只有她自己才能有的深刻感受。这么多年，伴随喧闹舞台的，始终只有长久的沉寂。那种随着环境所呈现的高低变迁的心情，如果不是亲身经历，自当无法体会。

  如今到了快要40的年纪，邓丽君更加清楚自己内心深处想要什么。她总结自己，过去沉迷音乐，现在依旧如此，但过去却将艺术与娱乐相混淆，以为只有站在台前演出才是实现自我追求的唯一途径，但显然不是，艺术有时甚至是需要孤独的，当你独自一人，更容易触碰到它。在幕后，邓丽君远离一切喧嚣，可以认真倾听自己的内心。

内心是什么？当你迷惑，当你不解，那里总有一个空间供你停歇，为你提供思考的养分，让你有勇气决断现实的一切。这里才是人类赖以生存的源泉。

这时候，邓丽君已经认识到商演的弊端，她在参加香港慈善活动的时候，都是要求主办单位提供乐团、工作人员的酬劳，以及她个人的食宿和交通，而不收取一分个人酬劳。

为此，有些歌迷担心她这样会让自己吃亏，她面对镜头，笑对歌迷坦言，从业20多年所发行的唱片和录像带的版税，已经够她过上安稳的生活。

1993年5月，邓丽君飞往日本，发行最后一张日文单曲。次年6月，邓丽君回到中国台湾高雄凤山，最后一次在台湾公开演出，举办"永远的黄埔"晚会。4个月后，她乘飞机从法国飞至中国香港，同罗大佑一同演唱歌曲《梅花》，随后搭乘飞机前往日本仙台市参加"歌谣义演会"。

1995年春节，邓丽君携法国男友一同搭乘飞机，返回台湾与家人团聚。早就捕捉此消息的台湾媒体，一早就在她所下榻的饭店等待。面对记者，邓丽君依旧笑容可掬，但却婉转表示自己今后不再参加任何表演活动。

第九章
Chapter.09

何日君再来：
一代歌后魂断清迈

多年以后，当我们回想起那个叫作邓丽君的女子，脑海中依旧是那明媚的笑容，耳畔依然是那甜美的歌声。时光冲淡了记忆，却抹不去镌刻在灵魂中的印记；岁月苍老了容颜，却挥不去曾经的温柔笑语。邓丽君的一生如烟花般绚烂夺目，似云霞般耀眼动人，她的离开让亲人悲痛，令世人惋惜。虽然佳人已逝，但邓丽君的光芒却不曾消失，仍然照耀在世界各地，让无数人怀念与追思。

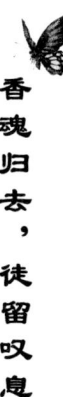

香魂归去，徒留叹息

以清纯示人，最终必然要顾虑年岁在脸上留下的沧桑痕迹。张国荣是这样，邓丽君尤其如此。

1995年，邓丽君已经步入中年，再保养，再悉心照料，青春纵是无法回头。一个中年的女子，身体各方面大不如前，心理上就更渴望能过上一段平静的人生，何况红粉佳人身旁又有一位知心蓝颜，她是什么都不需要再犹豫，只愿同他一起共度这最后的盛宴。

此时，为了保存自己在公众面前那清纯、可人的印象，邓丽君已经极少公开露面。一个女人因受制于生理规律，事业线总不会太长。

如今，不管是法国、日本抑或东南区地区，邓丽君在上世纪八十年代掀起风潮的演唱会早已成为绝唱，但她生性依旧善良，仍坚持出席少量的义演，除此以外，已经没有再向演艺工作投入更多的热忱。

然而，社会各界媒体依旧仍然时常记挂着她，始终希望她能穿上漂亮衣裳，再次以优雅的姿态站在镁光灯下，为公众演唱。但任凭外界如何期待，邓丽君依然和男友过着平静的生活，并谢绝任何一家媒体来访。

这应是属于她的时光，一个明星是世界的，但她所有的青春已然奉献给了舞台，剩下的岁月，她应当全然拥有自己，爱自己想爱的人，做自己感兴趣的事。但有时候作为明星，偏偏有这样那样的束缚和困惑，更多时候，她们无权为自己而活，越是成绩卓越，越是无法享有片刻的安宁。整个世界的闪光灯都对准了她们，时时刻刻，这感觉让人窒息。尽管最初出道的时候，面对摄像机，邓丽君总是笑容可掬，天真无邪。

在我们如今所能看到有她相片的图书封面、壁画等媒介，她永远都是一脸甜美的笑容，永远都显得那么亲切可人，使人如沐春风。可曾知道她也有感到疲倦的时候，可曾想过她也是一个普通人，有哭有笑，欢喜悲哀，甜蜜苦涩，她不能总是嘴角上扬啊！

她累了，这次是真的累了。所以才要坚定地选择过自己想要的生活。

可是每到她想要躲起来清净一段时间，媒体总会流传出有关她身体抱恙的各种传闻。此前她曾经亲自召开记者会澄清一次，但有些人似乎对这样"幼稚"的游戏乐此不疲，将一模一样的戏码重复搬上邓丽君的人生舞台。

按说，邓丽君既然已经功成身退，身边又有心爱的男友，应该尽快步入婚姻的殿堂，和心上人携手共度一生才是，但奇怪的是，她一直都与保罗过着一种半隐居的生活，虽然两人相处地十分融洽，但却也没有打算结婚的消息传出,看上去倒像是对结婚彻底失去了信心。

回首邓丽君众多段感情,大家一致认为她投入最为深刻的正是她与富商郭孔丞的一段,当时这段感情明明已经进行到谈婚论嫁的地步,她的右手无名指甚至都戴上了对方亲自买来的钻戒,但却因为对方家长的阻止,无疾而终。最深的感情,总伤人最深。

人们都说,走得最急的永远是最美的风景,最先失去的永远是最真的爱人。郭孔丞确实爱她用心,邓丽君退婚以后,他于1987年仓促成婚,人们都说,他的妻子从长相到言谈举止,都极其酷似邓丽君。

那佳人不在了,一段美好的感情就此错过,可是问我的心,问天上明月,假如日后听到你站在舞台唱着甜甜的情歌,叫我如何对过去释怀?所以,我就找了另外一个跟你相似的爱人,我知道她不是你,可是你已不属于我。那我只好,同一个与你相似的人,共度一生,好叫苍天作证,当初放弃你,我有多不舍;好叫你明白,错过的今生,你也会遗憾。

的确,邓丽君大概真的为此,终身抱憾。她与保罗卿卿我我,过着夫妻一般的生活,却始终没有携他的手,一同步入神圣的婚姻殿堂。

也许,她最终还是无法说服自己,去忘掉那个深埋在记忆深处的爱人吧!

实际上,邓丽君的身体状况确实一直都不太好。

1995年5月5号,邓丽君还曾打电话给妈妈,表示自己除了多次发生哮喘以外，身体基本没有大碍。

为此，家人还特意嘱咐她一定要万分小心。没想到只隔了几天，邓丽君因哮喘发作而香消玉殒的噩耗，就传到了台湾家中。

听到女儿魂归离恨天，邓妈妈对始终陪伴在其左右的男友保罗，充满了怨愤。她的女儿才只有42岁，她才刚刚退出歌坛，开始享受自己的人生。一想到这里，邓妈妈几乎每次都要哭泣得晕厥过去，每每看到保罗，也都忍不住厉声责备。

然而，不管家人如何悲痛、伤心，女儿离别人间已是不争的事实。

她不是突然患此病痛的，而是此前就一直有这样的毛病，台湾天气潮湿，不利于呼吸，呼吸道极其容易受到感染，在此之前，就曾有位老牌女星林翠因诱发哮喘的老毛病，不幸在自己的私宅病发身亡的前车之鉴。

1995年5月8日，邓丽君下榻于泰国清迈湄宾酒店。清迈气候温和湿热，每年迎接着来自世界各地的旅游人士。邓丽君当时笃信佛教，为此多次亲历前往拜佛。然而，却没想到怀有一颗赤诚之心，以期获得人生完美的心愿尚未达成，自己却先奔赴了鬼门关。

事发后，湄宾酒店的一名服务生回忆说，邓丽君当时居住在15楼的一间豪华套房。下午4时左右，邓丽君气喘突然发作，她很难受，求生本能使她不断地拍打门板求救，服务员听到声音后立即来到她居住的房间查探。

当房间门打开的那个瞬间，服务员看到邓丽君有气无力地半跪在地板上，整个人脸色苍白，呼吸困难，看上去情况十分严重。于是，她赶忙下楼唤来两三个人，大家一起七手八脚地将邓丽君移到酒店咖啡座进行急救。时间一分一秒地过去，当酒店的服务员们采取了各种措施后（使用自备急救器材，为邓丽君抚胸、按摩）后，邓丽君还是呼吸困难。于是，众人只好一致决定，将她火速送往蓝姆医院。

在送往医院的路途上，邓丽君此时因呼吸无力，已陷入轻度昏迷，她在意识不清醒的情况下，只一遍遍小声唤着母亲。经过一段时间的颠簸，车子载着她终于到达医院，医生赶紧进行紧急抢救，但为时已晚，邓丽君此时已是脸色发青、心跳、脉搏停止，更有瞳孔放大的病危迹象，在急救医师采用了强心针、电击等手段后，抢救依旧无效。

1995年5月8日17时30分，一代歌后历经生死挣扎，最终香消玉殒。

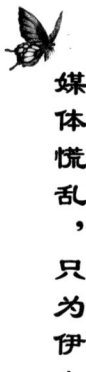

媒体慌乱，只为伊人

伊人已逝，忙坏了太平人间。

在当地媒体披露下，邓丽君的死亡迅速在国际媒体引发一场声势浩大的混战。由于邓丽君国际巨星的特殊身份，动见观瞻，她的死讯对各地华人圈与歌坛造成了相当大的震撼。特别是中国台湾、香港及日本等地的媒体，人们纷纷组成采访团，争相赶赴清迈追踪报道这位国际巨星的最后一程。台湾各有线、无线电视台，更纷纷报道邓丽君的死讯、过往的成就以及她的演唱会片段。

各国媒体也是蜂拥而上，疯狂追逐报道邓丽君的死亡。因邓丽君的遗体从左边颈部到额头都呈现了红色痕迹，但仅仅凭借这些痕迹依然无法直接判定这些是勒痕、巴掌印，还是倒地碰撞造成的尸斑，因此日本媒体甚至怀疑邓丽君是否真的死于气喘。

邓丽君的突然死亡对众多歌迷更是造成重大打击，很多人联名要求媒体公布死因。诸多争议终使负责急救的医院无力负担，蓝姆医院的苏密医师只好被迫召开一场记者招待会，正式澄清问题。在会议上，当着众多媒体和歌迷的面，苏密医师在不断闪烁的闪光灯下，一遍遍强调邓丽君的死因就是哮喘，并且亲自拿出邓丽君以往患有气喘的诊断书——气喘原本不属于不可根治的病症，但邓丽君此前已有相当长的病史，当天她的病症发作时因没有人在身旁，到医院又错过最佳救治时间，最终因气喘导致呼吸困难而丧生。至于身上出现的淤伤，则极有可能是因为气喘发作跌倒所致。

随着媒体跟踪报道的深入，人们开始将焦点放在邓丽君与保罗的关系上。有媒体揭露邓丽君与一群友人于5月5日抵达清迈，随后同住进一家酒店。而酒店方面却说邓丽君是于4月初抵达清迈，并且只有男友保罗一人随行。

当时邓丽君正与法国男友保罗热恋，按情理推断应是形影不离，如果酒店的说法是真实的，那邓丽君病发时，保罗身在何处，又或者他是因什么原因才导致没能及时救助，致使邓丽君身亡的，这些也都成为媒体的质疑。

邓丽君的死亡，想必对保罗造成的伤害是致命的——热爱她的歌迷必然感到心痛，但保罗是与之恩爱一生的恋人，失去心爱的恋人，这在任何时候都能轻易摧毁一个人的意志。

邓丽君死亡的消息还引发了华人的大震撼。两岸三地的歌迷纷纷自觉地为她守灵、守夜，搭建简易灵堂，每日都有新鲜的白色菊花、剑兰供奉，人们跪着、趴着全部挤在地上掩面痛哭，悲歌哀泣，听到的人无不为之震撼。

中国台湾更是万人空巷，纷纷守在电视机前，怀着悲哀、沉痛的心情观看这个令人无比沉痛的消息。为了哀悼邓丽君不幸离世，日本的NHK公司立刻为她制作了回顾专辑，并且还访问了她当年的日本男友森进一。

大陆的中央电视台也于5月10日的新闻联播中，正式宣布了邓丽君的死讯，并播放了她在演唱会中的画面片段。

任你璀璨如星、光芒万丈，也终是难逃死神的魔掌。在死这个问题上，众生平等，人活一世，尤其是明星，风光无限，可死后也只是一个名字、一段过往。

犹如烟花，她在有生之年努力地绽放过，纵然消弭于天际，也留下了值得追忆的一生。然，红尘万丈，邓丽君惹人心疼、受人爱戴，除却万千歌迷，终还是有同保罗一样与她亲近，曾与之有过细腻接触的人为她感到万分可惜。她的恩师左宏元在得到消息后，丝毫不敢相信这是事实，他反复强调邓丽君是用丹田唱歌，所以不可能死于气喘。

恬妞等与邓丽君同时代出道的大明星，也纷纷表示从来都不知道邓丽君有这样严重的气喘。欧阳菲菲在听到邓丽君去世的消息，也感觉难以置信。

台湾著名幽默作家赵宁在缅怀邓丽君时，曾这样评价："她雄怀千万里、心细如发，不管走到哪里都心系故乡和家人，面对各种恶意的攻讦，始终一笑置之。"

作为娱乐圈最好的朋友，林青霞听到好友去世的消息，面带忧伤，在接受媒体采访时说这对她来说无疑是个巨大的打击。她和邓丽君虽是意外成为朋友，但邓丽君一向待人坦诚，俩人由此私交甚好，没想到她却在这样年轻的时候突然走掉了。

俗话说："千金易求，知己难寻。"在一个人短暂的一生中，有几人能有幸遇到真正懂得自己的人？林青霞表示，邓丽君心地善良、品性温和，俩人早已结成莫逆之交，她很敬业，对待工作总是热情投入，但却也喜欢争强好胜，有了心事从来不对好友倾诉，这让林青霞感到担心。

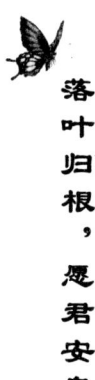

落叶归根，愿君安息

5月8日深夜，台湾邓家。一阵清脆的电话铃音刺破长空，带着焦急的情绪响彻整个大厅。打电话来的正是邓丽君的法国男友保罗，最初接到电话的人是邓丽君的三嫂。保罗只焦急地说"Something happen"，三嫂不懂英文，一头雾水。

直到邓丽君的弟弟邓长禧拿起听筒，才听到保罗说"She is gone, no more Teresa"。家人听闻死讯，都感到五雷轰顶，难以置信。当天夜晚全家集体无眠。邓家的房子燃灯到天亮，邓丽君的母亲悲痛万分，她不相信女儿就此魂断异国，这突如其来的巨大悲痛已使她泣不成声。一家人沉浸在悲痛之中，没有人说话，渐渐地，从压抑着的小声抽泣到房间恢复沉默的气氛。东方现出鱼肚白，天亮了。邓长禧立即同几位友人搭乘航班飞往泰国，为邓丽君料理后事。

当地时间10日晚间11点，邓长禧等人抵达清迈。他一下飞机就赶往邓丽君去世的医院，看到身穿粉红色睡袍的遗体，看到那张再熟悉不过的清秀的脸庞，邓长禧瞬时悲从心来，这正是他亲爱的姐姐无疑！此时此刻，她就像甜蜜地睡着了，面容栩栩如生，脸色虽有些苍白，却还是那么明丽动人。

灵堂只做了简单的布置，遗体一旁散落着友人们送来的花圈，上面清楚地写着"巨星殒落""南天星殒""永怀才艺"等大字，遗体面前设置了简单的佛坛，前面有一两个法师正为邓丽君诵经念佛。

考虑到邓丽君的特殊地位，泰国当局只是简单地由高僧举办法会后，就将她的遗体完好地交给了邓家人（按照泰国国家当时的规定，一般华人死在国内，必须按规定要求限制遗体需在签发死亡证明书与防腐程序后，遗体才可运出国界）。

当天，一副白色的泰式棺木盛放着邓丽君的遗体，远远看去，她就像一位高贵的公主沉睡于梦境，又像一朵绽放的白玫瑰，那么高雅、安宁。从泰国到中国台湾需要几个小时，为了防止遗体出现任何变化，棺木内特意放置了五公斤的干冰。台北时间11日晚间10时30分，邓家人携邓丽君遗体飞抵达桃园中正机场。

泰航633客机停在二号机坪，飞机落地的一霎那，邓长禧望着盛放姐姐遗体的棺木，轻轻地说"姐姐，我们到家了"。

得到邓丽君遗体返回故乡的消息，台湾当局命人在机场布置了鲜花素果与简易灵堂，供邓丽君的家属在现场奠祭。当天，除了邓家人、歌迷以外，海内外媒体记者也有大量参加，大家一起聚集起来为这位旷世巨星送行。

　　整个过程中，邓丽君的母亲一言不发，始终沉默。从接到保罗打来的噩耗电话，她就开始悲痛地哭泣，如今已是两眼红肿，精神欠佳。直到一家人围坐在一起商量女儿的后事，邓妈妈才发出一声沙哑的哀鸣，"我一定要把女儿土葬，你们一定不要把她烧掉，她是我最最心疼的女儿啊！"

　　转眼头七，邓妈妈给女儿写去一封真情流露的信件，并委托邓长禧将此信件在女儿坟前烧化：她在信里沉痛地责备女儿不肯听话，没有好好照顾自己的身体才导致英年早逝，更是对家人造成了难以逆转的伤痛，并且又再强烈要求女儿到那边好好安息，千万不要再辛劳。

　　可想而知，母亲在写这些话时，心里有多疼痛。今生有缘做母女，不知是谁来赴谁的前世之约。如今这缘分不长，心头肉就此去了，从此母女二人，天上人间相去千万里，不知道还有没有再相见的机缘？

　　失去不会让人感到痛，但失去爱就一定会让人悲伤。因为爱，是这个人间最伟大的存在。有爱才有光明，才有走完险恶路途的勇气。

　　邓家人表示，邓丽君从小确实患有气喘顽疾，但9岁那年经过一位名医的医治，病症已有所缓和、减轻，此后再没发作。

　　她的大哥表示，很有可能是因为1979年爆发的"假护照事件"，对邓丽君造成了难以磨灭的巨大影响。尽管后来日本和台湾当局都出面澄清事实，但事件爆发却使她饱受折磨，极大地摧残了她的身心健康，这才导致又发生气喘，以致丧命。

　　最后邓家人表示，尽管与邓丽君有再多不舍，42年亲人关系到底还是在人间有所终结，既然亲人已经去到西方极乐世界，不如就让她在那片天地里重新开始自己的一切。当怀念起邓丽君为了这个家庭作出的突出贡献，怀念起她大半生都忙于事业，辛劳奔波，家中每个人都不忍有些伤怀——现在她走了，邓家人表示以后将全力照顾整个家庭，特别是她的兄弟姐妹，将会更加孝顺他们共同的母亲，好让在天堂的她放心。但他们不会忘记她曾为整个家庭所作的贡献。

　　邓丽君的亲友和歌迷一起为她布置灵堂，以白色、粉红色布帘为装饰，灵位共设为三层，最后一层上面放置着圣母像。邓家人从美国定制了一个铜制棺木，上面镶嵌着一块水晶玻璃，里面则铺着一张天鹅绒的床，整体看起来雍容华贵、光彩夺目。这副棺木还有一个惊人的功能：密封得宜可保遗体50年不化。

　　入殓前，邓家人为邓丽君清洗身体，施粉精心装扮，脸庞打上腮红，轻画两道柳叶眉。装扮完成时，她看上去还像活着时那么清新、甜蜜。邓妈妈亲自为女儿穿上一身浅粉红色滚青边的旗袍，并亲手戴上她为她准备的珍珠项链。

　　葬礼当天，来自海外的乐迷以及明星、艺人、台湾媒体以及歌迷将现场附近挤了个水泄不通，超过20万人想要陪邓丽君走完人生最后一程。

仪式结束后,邓丽君的棺木被迁往筠园(台北县金山乡的金宝山墓园),和父亲的遗骨一同下葬。墓地现场,数百名歌迷手捧鲜花,泪洒当场。但保罗却始终没有参加任何一项公开告别仪式,而是私底下匆匆见过邓丽君一面后,立即离开了台湾。

筠园背山面海,埋葬着许多知名人士——作家三毛也下葬在附近。邓丽君的墓碑以黑色大理石刻成,并专门镶嵌了白色的邓丽君造像。墓碑上简单地写着,"这里安卧着一位为歌唱艺术奉献一生的巨星"——邓丽君确实当得起这样的称赞。

邓丽君是华人瑰宝,她的逝世是整个世界无法愈合的伤痕。除了各地电台疯狂播放她的歌曲以外,邓丽君的唱片也一度遭人疯抢,成为十足的抢手货。马来西亚歌迷感叹邓丽君英年早逝,甚至有人接连痛哭几天。

这位一代歌后的辞世,犹如华语乐坛坠落的一颗耀眼之星,人们将永远怀念她。

用尽一生，上海圆梦

前面说，无非种种机缘巧合，邓丽君原本就是大陆的女儿，而她在成名之后，也一直都想回到大陆演出。

纵然生在台湾，长在台湾，但邓丽君的根毕竟是在大陆。落叶尚且归根，何况一个有血有肉、有情有义的人呢？

最终，大陆为邓丽君在上海建造了一个纪念馆：邓丽君的弟弟邓长禧曾说，邓丽君生前一直渴望能够亲自到上海一趟，她能够讲一口流利的上海话，并且结交了很多上海朋友，一生所演唱的成名曲中有不少都是上海三四十年代的旧歌。

因此，在上海建立邓丽君纪念馆，算是为了弥补她爱上海却始终未能来到这里吧，也算是对她的广大歌迷有所交代。

正在邓家人为筹建纪念馆奔波时，上海著名的文化陵园福寿园主动联系他说，想要为邓丽君建设一座雕像和衣冠墓。这里居住着很多历史名人，包括民国元老章士钊、蔡元培以及三十年代红星阮玲玉等。

2003年4月，在邓丽君逝世8周年之际，她的衣冠墓、纪念雕像在上海落成。建成当天上海正值雾雨蒙蒙，数千名歌迷冒着细雨参加仪式，纷纷对她们的偶像致敬，送去一份思念之情。

自此，这个生于台湾，长于台湾的一代歌后，在她故世8年后，终于回归故土。

一生长的就像一条看不到尽头的路；一生短的就像做完了不想醒来的梦。等路走到尽头，梦也就醒了；等梦醒了，人生种种，便作往事。

往事随风，当我们失去生命，肉身化为腐朽，与泥土相混合于天地，人生，大概才是真的得到了圆满。

人生路漫漫，今生只作最后一世。

待离去，莫要悔恨，莫要追悔万分，莫要长相思，不肯忘！

唯愿生者保重，死者安息，天下太平矣！

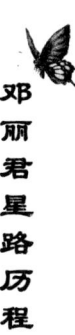

邓丽君星路历程

1953 年

1 月 29 日出生于台湾省云林县褒忠乡田洋村,6 月举家迁往台东县池上乡。

1958 年

至屏东市仙宫戏院附近学芭蕾舞。

1959 年

11 月举家移居至台北县芦洲市,就读台北县芦洲市芦洲国民小学,表现出音乐天赋。

1963 年

8 月参加"中华电台"黄梅调歌唱比赛,以一曲《访英台》荣获冠军,由此在歌坛崭露头角。

1965 年

就读于台北金陵女中。

1966 年

参加"正声广播公司"歌唱训练班；参加金马奖唱片公司举办的歌唱比赛，凭借《采红菱》一曲夺冠。

1967 年

自金陵女中休学；签约宇宙唱片公司，9 月推出第一张唱片《邓丽君之歌第一集——凤阳花鼓》，正式成为一名职业歌手。

1968 年

参加《群星会》，首度亮相电视荧屏；在台北夜巴黎、七重天等歌厅登台演唱。

1969 年

应新加坡总统夫人邀请参加慈善义演；奔赴香港参加工展会义卖白花油。

1970 年

1 月当选香港工会年纪最小的"白花油慈善皇后"；8 月随"凯声综合艺术团"奔赴香港，首次在香港演出；10 月与张冲合拍摄个人第二部电影《歌迷小姐》。

1971 年

2 月至次年 8 月,在东南亚开始巡回演出,足迹踏遍新加坡、马来西亚、菲律宾等地。

1972 年

签约香港丽风唱片;结识心爱之人林振发;再度当选"白花油义卖皇后"。

1973 年

签约日本宝丽多唱片公司;奔赴日本接受专门培训;再次赶赴越南参加演出。

1974 年

3 月正式赴日发展;11 月 19 日凭借第二张日语专辑《空港》当选本年度"最佳新人歌星赏""新宿音乐祭铜赏""银座音乐祭热演赏",总销量高达 75 万张。

1975 年

加盟香港宝丽金唱片公司,1 月份推出个人大碟《岛国之情歌第一集:再见我的爱人》;在香港电视台录制"邓丽君电视特辑"。

1976 年

3 月首次在香港"利舞台"举办个人演唱会,大获成功;4 月在香港成立邓丽君歌迷会;11 月赴马来西亚巡回演出。

1977 年

4 月荣获"香港第一届金唱片颁奖礼"金唱片奖,成为香港第一个金唱片奖得主;7 月第二次登上香港"利舞台",举行第二次个人演唱会;截止本年度,邓丽君在日本共发 8 张大唱片、12 张小唱片,荣获日本"电视放送奖"。

1978 年

2 月于新加坡、马来西亚进行巡回演出;7 月底于川崎产业文化会馆举行日本个人大型演唱会,将演出所得全部用于慈善;第三次在香港"利舞台"举行个人演唱会;推出大碟《邓丽君 Greatest Hits》及《岛国之情歌第三集》,荣获香港第三届金唱片奖。

1979 年

遭遇"假护照事件",赴美留学深造;4 月首次在加拿大温哥华举办个人演唱会;共计三张大碟于"香港第四届金唱片颁奖礼"荣获白金唱片奖,另有两张大碟荣获金唱片奖。

1980 年

在美国旧金山演出后定居洛杉矶;7 月于美国纽约林肯中心、洛杉矶音乐中心登台演出,引起轰动;第四度踏足香港"利舞台"演出,举办一连七场个人演唱会;年底赴东南亚做巡回表演。

1981 年

6月举办《何日君再来》义演晚会;于香港参加"香港第五届金唱片颁奖礼",五张个人大碟同时荣获白金唱片,破香港历届金唱片纪录。

1982 年

1月8~11日于香港伊利莎白体育馆举办五场个人演唱会,反应强烈,场场爆满;录制《千言万语》专辑,推出《邓丽君演唱会》双唱片,面世即成为白金唱片;5月开始投入古典音乐专辑《淡淡幽情》的策划和录音工作。

1983 年

踏足乐坛整整十五年;推出经典大碟《淡淡幽情》,畅销亚洲;2月底赴美,在拉斯维加斯"凯撒皇宫"举办个人演唱会,成为第一位在此签约演唱的华籍女歌手;推出粤语大碟《漫步人生路》,是邓丽君在港台推出的第109张专辑,面市即成白金唱片;12月在香港红磡体育馆举行15周年巡回演唱会;邓丽君唱片总销量超过500万张,刷新华语歌坛纪录,宝丽多特为她颁发特别纪念奖。

1984 年

赴英国伦敦留学;于东南亚各地举办15周年巡回演唱会;重返日本推出《偿还》专辑,上市不久即打入日本流行音乐榜内,荣获日本有线放送大赏、日本唱片大赏等众多奖项;同年荣获日本演歌最受欢迎赏。

1985 年

2月于日本发行单曲《爱人》，12月凭此曲首度入围日本"第36回红白歌合战"；《爱人》销量ORICON公信榜44.2万，总销量突破200万，刷新日本乐坛两项历史纪录，并推出《爱人》《偿还》中文唱片。

1986 年

再度顺利入选日本"第37回红白歌合战"；推出《我只在乎你》音乐大碟，其中单曲《我只在乎你》第三度蝉联日本有线电视大赏；兼获选美国《时代杂志》世界七大女歌星和世界十大最受欢迎女歌星，是亚洲唯一一个同时荣获两项殊荣的歌手。

1987 年

已处于半隐退状态，除参与少数慈善演出，极少露面公众场合；《邓丽君自选歌曲两百二十五首》发行，并印有邓丽君亲笔题词；出席日本"第38回红白歌合战"，并公认是全日本前20位当红女歌手之一；获得日本有线音乐赏。

1988 年

定居于香港赤柱佳美道18号别墅；日曲《别离的预感》荣获日本有线放送大赏优秀歌星赏、日本有线大赏、日本有线音乐赏。

1989 年

7月移居法国巴黎；奔赴成田机场澄清病故流言。

1990 年

5月父亲病逝,邓丽君因身体抱恙未能出席葬礼;9月参加香港无线"星光熠熠耀保良"慈善晚会,应邀出席"无线电视"直播节目,担作表演嘉宾。

1991 年

12月第三度入选日本"红白歌合战";对外公开承认男友保罗;赴港参加"爱心献华东"赈灾筹款活动,担当表演嘉宾。

1992 年

除夕返台与家人同过新年;12月推出《难忘的Teresa Teng》专辑,是个人在华语圈的最后一张国语唱片。

1993 年

担任日本有线大奖赛颁奖嘉宾。

1994 年

6月返台参加"华视"黄埔军校建校70周年庆"永远的黄埔"劳军晚会;10月赴日本参加"歌谣义演会",最后一次在日本公开演出;于日本推出《夜来香》唱片;婉拒第四度参加"红白歌合战"的邀请,希望将机会让给新人;12月与保罗一同奔赴泰国清迈度假。

1995 年

2月返台,与家人共度新春,并接受媒体访问;3月出席香港亚视台庆，最后一次在香港露面；5月8日因气喘病发于泰国清迈猝逝，享年42岁；5月11日遗体运抵故乡；5月28日遗体长眠台北县金宝山"筠园"，数千人为邓丽君送行，场面宏大，世人瞩目，邓丽君从此安睡于鲜花丛中；同年，被追认颁发"金针奖"。